Klipp & Klar Lerntrainer

Herausgegeben von Walter Kowalczyk und Klaus Ottich

Dr. Walter Kowalczyk, Jahrgang 1949, ist Schulpsychologe und als Lehrbeauftragter an der Universität Hannover tätig. Er ist Mitglied in der Aktion Humane Schule, im Arbeitskreis Grundschule und in der Deutschen Gesellschaft für Lesen und Schreiben (DGLS).
Klaus Ottich, Jahrgang 1942, ist Lehrer für Deutsch und Geschichte.
Beide Herausgeber sind in der regionalen und überregionalen Fortbildung tätig. Sie haben zahlreiche Bücher und Aufsätze zu den Themen «Zusammenarbeit zwischen Elternhaus und Schule» und «Lernförderung» veröffentlicht und sich intensiv mit der Lern- und Gedächtnisforschung befasst. Im Rowohlt Taschenbuch Verlag ist von ihnen der Band «Hausaufgaben – so klappt's besser» (Nr. 60491) erschienen.

Johanna Echtermann, Jahrgang 1946, ist Lehrerin für Deutsch und Mathematik an einer Grundschule.

Johanna Echtermann

Deutsch, 3. Klasse

Grammatik: Wortarten

Rowohlt

Dieses Buch ist nach den neuen Rechtschreibregeln verfasst
(Stand Juli 1996)

Originalausgabe
Lektorat Katrin Helmstedt und Bernd Gottwald

2. Auflage Juni 2001

Veröffentlicht im Rowohlt Taschenbuch
Verlag GmbH, Reinbek bei Hamburg, Januar 1997

Umschlaggestaltung Susanne Müller
Illustrationen Christof Tisch
Reihentypografie Iris Farnschläder
Layout Christina Modi
Gesetzt aus der Minion und Trade Gothic
auf Apple Macintosh in QuarkXPress 3.32
Gesamtherstellung Clausen & Bosse, Leck
Printed in Germany
ISBN 3 499 60292 X

Inhaltsverzeichnis

Liebe Eltern,

sicher hat auch Ihr Kind mit Freude und Aufregung der Einschulung entgegengefiebert. Sie selbst haben keine Probleme erwartet und darauf vertraut, dass Sie weiterhelfen können, falls Ihrem Kind etwas unklar ist. Aber auf einmal gerät das Lernen ins Stocken und in dem Heft Ihres Kindes finden Sie die Bemerkung: «Du musst mehr üben!»
Wie viele Nachmittage haben Sie schon mit Ihrem Kind für die Schule gepaukt, sich Aufgaben ausgedacht und nach Erklärungen gesucht? Aber nicht nur das zerrt an Ihren Nerven, auch die Stimmung ist mies. Wenn Sie mit Ihrem Kind gemeinsam für die Schule büffeln, ist dies sicher oft mit Auseinandersetzungen und Tränen verbunden. «Ich kapier das eh nie.» – «Ich will endlich zu meinen Freunden.» – «Mein Lehrer hat mir das aber ganz anders erklärt.» Und Sie hatten sich den Nachmittag wahrscheinlich auch schöner vorgestellt.
Selbst wenn Sie im Moment gestresst und ratlos sind: In der Regel können Kinder jeden Lernstoff begreifen. Wichtig ist, dass durch eine abwechslungsreiche Darbietung des Stoffes individuelles Lernen ermöglicht und Freude an der Auseinandersetzung mit einem Thema gefördert wird. Hier liegt eine Stärke der *klipp & klar Lerntrainer*. Ein weiterer Vorteil ist, dass Ihr Kind mit den *klipp & klar Lerntrainern* **selbständig** arbeiten kann: Der Lernstoff wird verständlich, anschaulich und in kleinen Schritten dargestellt. Lerntipps erleichtern Ihrem Kind das Verstehen, Anwenden und Behalten. Durch Tests wird geprüft, ob das Gelernte auch sicher sitzt. An einigen Stellen ist es sinnvoll, dass Sie Ihre Hilfe anbieten. Dort finden Sie dieses Zeichen (siehe rechts), z. B. beim Basteln des Lesezeichens.

Mit den *klipp & klar Lerntrainern* können nicht nur erfolgreich Probleme in bestimmten Fächern ausgeräumt werden, sie eignen sich auch hervorragend, wenn Ihr Kind sein Wissen in einzelnen Themen aufpolieren oder sich gezielt auf eine Klassenarbeit vorbereiten möchte.
Die *klipp & klar Lerntrainer* helfen Ihnen dabei, dass die Nachmittage mit Ihrem Kind wieder entspannter verlaufen.

Walter Kowalczyk und Klaus Ottich

Liebe Lehrerin, lieber Lehrer,

in jeder Klasse begegnen Sie Schülerinnen und Schülern, die Probleme mit bestimmten Themen haben. Besorgte Eltern haben sich an Sie gewandt und um Rat und spezielle Lerntipps gebeten. Viele sind unsicher, wie sie ihr Kind erfolgreich unterstützen können, und fühlen sich beim Erklären schulischer Lerninhalte verständlicherweise überfordert. Das gemeinsame Üben belastet häufig die ganze Familie.
Sicher gibt es auch Schülerinnen und Schüler, denen Sie gern geeignetes Übungsmaterial empfehlen würden, damit sie selbständig Schwächen abbauen und ihre Leistungen verbessern können.

Überzeugen Sie sich selbst: Mit den *klipp & klar Lerntrainern* kann jeder Schüler seine Defizite selbständig aufarbeiten:
- Der Lernstoff wird verständlich, anschaulich und in kleinen Schritten dargestellt.
- Die abwechslungsreiche Darbietung des Stoffes fördert individuelles Lernen und die Motivation, sich mit einem Thema auseinander zu setzen.
- Lerntipps und Merksätze erleichtern das Verstehen, Anwenden und Behalten.
- Das Üben in sinnvollen Lernetappen unterstützt den Lernerfolg.
- Durch Tests wird überprüft, ob das Gelernte auch sitzt.

Und auch Sie selbst können die *klipp & klar Lerntrainer* mit Gewinn nutzen:
- als Vorbereitung für Ihren Unterricht,
- als Differenzierungsmaterial für Ihre Klasse,
- als Lernprogramm für Ihren Förderunterricht.

Wir wünschen Ihnen viel Erfolg für Ihre Arbeit!
Walter Kowalczyk und Klaus Ottich

Liebe Schülerin, lieber Schüler, so kannst du mit diesem Buch arbeiten:

Bevor du anfängst, blättere zunächst einmal im Buch: Wo geht es um Nomen (Namenwörter) für Tiere? Wo findest du Wiewörter (Adjektive)? Vielleicht hast du schon Seiten entdeckt, auf die du dich freust? Bastle dir zuerst dein Lesezeichen. Du findest es auf Seite 95.

1. Lies jede Erklärung und jede Übung laut. Unterstreiche die Wörter, die du nicht verstehst. Schlage dann im Wörterbuch nach oder frage deine Eltern. Sage mit deinen Worten, worum es geht und was du tun sollst.
2. Bearbeite eine Seite und kontrolliere dann **sofort** deine Lösungen mit Hilfe des Lösungsteils (siehe Seite 82 ff.). Hier ist es sicher hilfreich, wenn deine Eltern, Geschwister oder Großeltern dich dabei unterstützen.
3. Radiere falsche Ergebnisse aus und löse diese Übungen noch einmal. Arbeite mit einem weichen Bleistift (HB). Dann kannst du Fehler leichter verbessern.
4. Arbeite **15 Minuten** pro Tag in diesem Lerntrainer.
5. Lege mit deinen Eltern fest, wann genau die Viertelstunde an den einzelnen Tagen beginnen soll. Bevor du weiterarbeitest, schaust du dir die Seiten, die du am Vortag bearbeitet hast, noch einmal an. So findest du leichter den Anschluss.
6. Mit Hilfe der sechs **Tests** prüfst du, ob das Gelernte schon sicher sitzt. Besorge dir für die Kapitel «Teste dich selbst» stets einen Wecker. Stell den Wecker so ein, dass er nach 15 bzw. 20 Minuten klingelt. Dann hörst du auf und kontrollierst deine Lösungen.

Tipp

«ff.» bedeutet «und folgende».

Das Nomen (das Namenwort)

Menschen, Tiere, Pflanzen und Dinge haben einen Namen

Nomen (Namenwörter) für Menschen

Das bin ich!

Klebe ein Foto von dir ein oder male dich.

Mein Vorname ist: ____________________

Meine Freundin heißt: ____________________

Mein Freund heißt: ____________________

Wenn jemand deinen Namen ruft, dann weißt **du** ganz genau, dass **du** gemeint bist.

Die Mitschülerinnen und Mitschüler in deiner Klasse haben ganz verschiedene Vornamen.

Schreibe drei Namen auf:

____

____

____

Die folgende Geschichte handelt von einer Katze. Sie wohnt bei Familie Fabian. Achte besonders darauf, welche **Menschen** in der Geschichte vorkommen.

Die Katze Minka

Vorsichtig kratzt die Katze Minka an der Haustür. Susanne hört es und öffnet ihrer Katze. Auf weichen Pfoten geht Minka in Susannes Kinderzimmer. Sebastian, Ulrike, Tobias und Sarah sitzen neben dem Schreibtisch und spielen mit Legosteinen. Minka legt sich in ihren Katzenkorb und streckt sich. Tobias fragt: «Hast du die Katze heute schon gefüttert?» – «Ach nein, das wird ja höchste Zeit», antwortet Susanne.

Übung 1 Lies die Geschichte noch einmal laut. Sprich die Wörter deutlich. Welche **Namen für Menschen** kommen vor?

a) Unterstreiche die **Namen der Menschen**.
b) Kreise die **Namen** der Kinder in der Tabelle ein.
c) Überprüfe dann deine Lösungen!

Suche so → und so ↓

T	B	O	U	S	L	S	A	R	A	H
O	G	R	S	U	S	A	N	N	E	I
B	F	S	E	B	A	S	T	I	A	N
I	A	S	E	E	F	O	O	R	T	B
A	L	A	B	C	U	L	R	I	K	E
S	M	O	U	Z	F	N	B	A	R	I

In dieser langen Wörterkette haben sich **Nomen (Namenwörter) für Menschen** versteckt. Kreise diese **Nomen (Namenwörter)** ein und schreibe sie auf.

Übung 2

T G T H O M A S T Ü R E M I L F A R B E Z A H L O M A

B A J U L I A S A N D R A E L E F A N T I N G O S C H A F B R E M S E

Th ______ E ______ O ______

J ______ S ______ I ______

a) Streiche die Wörter durch, die **keine Nomen (Namenwörter) für Menschen** sind.

Übung 3

Kuh · Petra · Elefant · Juliane · Peter · Ingo · Erika · Lisa · Beate · Küken · Sina

b) Notiere nun die **Namen (Namenwörter) für Menschen**. Kreise die Anfangsbuchstaben ein.

______ ______ ______ ______

______ ______ ______ ______

Die Anfangsbuchstaben von Nomen (Namenwörtern) für Menschen schreibt man ______ .

groß

Überprüfe nun deine Lösungen mit Hilfe des Lösungsteils!

Nomen (Namenwörter) für Tiere

Alle Tiere haben eigene **Namen.**
Die Anfangsbuchstaben schreibt man **groß.**

Übung 4 Setze den fehlenden Anfangsbuchstaben der Tiere ein.

___iger

___nte

___ase

Übung 5

Schwan — Spatz — Meerschweinchen — Wellensittich — Hund — Katze — Storch — Elefant

Vier dieser Tiernamen passen in die folgenden Sätze.
Streiche sie durch und setze sie ein.

1. Ein ______________ läuft um die Ecke.
2. Auf dem See schwimmt ein ______________ .
3. Peter hat sein ______________ nicht gefüttert.
4. Die ______________ miaute sehr laut.

Überprüfe nun deine Lösungen mit Hilfe des Lösungsteils!

Trage die Tiernamen von Übung 5 in die richtige Spalte ein. **Übung 6**

Haustiere	keine Haustiere
Meerschweinchen	

Kennst du andere Tiere? Kreise die Anfangsbuchstaben ein. **Übung 7**

(E)sel	

Stell dir vor, alle Tiere von Übung 5 mit **vier Beinen** und alle mit **zwei Beinen** treffen sich zu einem Tierkonzert. Schreibe sie an die richtige Stelle. Überprüfe dann deine Lösungen! **Übung 8**

Konzertbühne für Vierbeiner	Konzertbühne für Zweibeiner

Tipp

Vielleicht hast du Lust zu malen, wie sie anmarschiert kommen? Deine Eltern, Großeltern oder Freunde freuen sich bestimmt über ein schönes Bild.

Übung 9

a) Kannst du reimen?

Neben einem Kahn

steht ein wunderschöner ______________ .

Und schon wieder hebt die Tatze

meine heiß geliebte ______________ .

Sitzt dort auf dem Zaun ganz leise

eine hübsche kleine ______________ .

b) Die Reimwörter haben sich hier versteckt. Kreise sie ein.

P O K A T Z E F D

S S T B H A H N B R I S

R A L L M E I S E L L A

Namen für Tiere schreibt man __________ .

groß

Überprüfe nun deine Lösungen!

Nomen (Namenwörter) für Pflanzen

Hast du schon mal überlegt, was es für Pflanzen gibt? Denk an **Blumen, Bäume, Gemüsepflanzen** und **Büsche**. Sie alle brauchen einen Namen, damit wir sie nicht miteinander verwechseln.

Du weißt: Alle **Nomen** (Namenwörter) musst du **großschreiben.**

a) Hier haben sich Pflanzennamen versteckt. Schreibe sie unter die Zeichnungen.

Übung 10

__________ __________ __________

b) Setze diese Pflanzennamen in die folgenden Sätze ein. Achte darauf, dass sinnvolle Sätze entstehen.

Im Herbst verliert die __________ viele Blätter.

Kathrin hat sich an den Dornen der __________

gestochen. Im Frühling freuen sich die Menschen über

rote, gelbe oder weiße __________ .

Überprüfe nun deine Lösungen mit Hilfe des Lösungsteils!

Übung 11 Welche **Pflanzennamen** fallen dir noch ein?
Notiere sie auf einem Blatt.

Übung 12 Suche zu diesen Buchstaben des Abc **Pflanzennamen**.

Tipp
Bitte deine Eltern, Freunde oder Geschwister um Hilfe. Vielleicht habt ihr ein Pflanzenbuch?

A *lpenveilchen*	B *utterblume*
D ______	E ______
F ______	G ______

Wenn dir diese Übung Spaß gemacht hat, dann schreibe das Abc auf einen Zettel. Suche zu möglichst allen Buchstaben einen Pflanzennamen.

Übung 13 Acht **Pflanzen** werden gesucht.
Unterstreiche sie und kreise die Anfangsbuchstaben ein.

Salat
Hügel
Tanne
Kartoffelpflanze
Schuh
Nelke
Linde
Kiefer
Aster
Apfelbaum
Ursula

Überprüfe nun deine Lösungen mit Hilfe des Lösungsteils!

Alle Pflanzen haben einen Namen. Man schreibt ihn

______ .
groß

Nomen (Namenwörter) für Dinge

Übung 14

Patrick räumt um

Patrick räumt sein Kinderzimmer um. Er möchte deshalb seiner jüngeren Schwester Petra Spielsachen abgeben, für die er schon zu alt geworden ist. Alles, was er nicht mehr braucht, packt Patrick in eine Holzkiste. Da sind Bauklötze, zwei Rennautos, ein Paket mit Legosteinen und zwei kleine Pinguine.

Schon ist die Kiste voll. Er ruft: «Petra, hilf mir bitte, die Kiste in dein Zimmer zu tragen.» Seine Schwester kommt angerannt. Zusammen geht es ganz leicht. Als alles ausgepackt ist, meint ihr Bruder: «Das war aber noch nicht alles, den Rest bringe ich gleich!» Schon kramt er weiter: zwei Plüschhasen, ein Puzzlespiel, vier Bilderbücher und ein Dominospiel. Das Quartettspiel packt er wieder in sein Regal. Endlich hat Patrick Platz, um seine Eisenbahn aufzubauen.

a) Unterstreiche, was Patrick für seine Schwester eingepackt hat.

Überprüfe nun deine Lösungen mit Hilfe des Lösungsteils!

b) Was war in der ersten Kiste? Was hat er in die zweite Kiste gepackt?

Das war in der ersten Kiste.	Nun kommt die zweite Kiste.

Übung 15 Sicherlich fällt dir auf, dass auch in deinem Kinderzimmer viele **Dinge** stehen. Stell dir einen Wecker auf 5 Minuten. Schreibe in dieser Zeit die **Dinge** auf einen Zettel, die du in deinem Zimmer siehst.

Hast du nur Spielsachen oder auch andere Dinge (z. B. Fenster, Bett, Schreibtisch) aufgeschrieben?

Suche jetzt noch in der Küche und im Badezimmer. Sicher entdeckst du tolle Sachen.

Küche	Bad

Überprüfe nun deine Lösungen mit Hilfe des Lösungsteils!

Kreise **Nomen (Namenwörter) für Dinge** ein.

Übung 16

Ball	Annabell
Springseil	Radio
Reifen	Heft
Radiergummi	Koffer
Caroline	Schreibtisch
Mathebuch	Beate

Welche Dinge aus Übung 16 gehören in einen Schulranzen? Trage sie ein.

Übung 17

Menschen, Tiere, Pflanzen und Dinge haben einen **Namen**, der nur ihnen gehört. Alle Namen schreibt man **groß**.

Manches kann man nur spüren oder fühlen:
Wut, Ärger, Freude, Müdigkeit.
Wut, Ärger, Freude und Müdigkeit sind auch Nomen (Namenwörter).

Hinweis

Überprüfe nun deine Lösungen mit Hilfe des Lösungsteils!

Halt!
15 Minuten

Nomen (Namenwörter): Teste dich selbst

Wie sicher kannst du **Nomen (Namenwörter) für Menschen, Tiere, Pflanzen und Dinge** voneinander unterscheiden?

Kiefer, Maiglöckchen, Salat, Treppe, Fisch, Katze, Sonja, Sarah, Bluse, Matthias, Eis, Maus, Gardine, Beate, Pferd, Eiche

Tipp

Wenn du für jeden Oberbegriff eine Farbe zum Unterstreichen wählst, kannst du leichter sortieren.

(pro Kästchen 4 Punkte)

Nomen (Namenwörter) für Menschen	Nomen (Namenwörter) für Pflanzen
Nomen (Namenwörter) für Tiere	**Nomen (Namenwörter) für Dinge**

Überprüfe nun deine Lösungen und lies die Bewertung im Lösungsteil.

Nomen (Namenwörter) haben einen Begleiter (Artikel)

Die bestimmten Begleiter (bestimmten Artikel)

In diesem Kapitel lernst du noch mehr über **Nomen (Namenwörter)**. Jedes **Nomen (Namenwort)** hat einen **bestimmten Begleiter (Artikel)**.

Die bestimmten Begleiter (Artikel) heißen: **der, die, das.**

Sie sind mit dem entsprechenden Nomen eng verbunden.

Beispiel

der Ball, die Maus, das Haus

Übung 18

Setze den passenden **bestimmten Begleiter (Artikel)** ein.

______	Abend	______	Regen
______	Lampe	______	Besteck
______	Gesicht	______	Decke
______	Dorfteich	______	Gespenst
______	Flasche	______	Tafel
______	Tier	______	Dackel

Tipp

Wenn du unsicher bist, schau im Wörterbuch nach.

Der, die, das kommen in Übung 18 gleich oft vor.

Zähle, wie oft. ____________ mal .

Vier

Überprüfe nun deine Lösungen mit Hilfe des Lösungsteils!

Übung 19 a) Lies den folgenden Text Wort für Wort durch. Unterstreiche danach alle **Nomen (Namenwörter)**.

Das Aufstehen

Ein kleiner Junge steht morgens nicht so gerne auf. Seine Mutter muss ihn mindestens dreimal rufen, bevor er aus dem Bett krabbelt und ins Bad geht. Inzwischen bereitet sie sein Frühstück vor: Brot, Marmelade, Käse, Butter, Kakao und Joghurt stehen schon auf dem Tisch. Der Junge trödelt noch herum. Seine Mutter ruft laut: «Komm, du verpasst sonst deinen Bus!»

b) Schreibe jetzt die **Nomen (Namenwörter)** mit dem richtigen **bestimmten Begleiter (Artikel)** heraus.

Hinweis

Hast du alle Nomen großgeschrieben?

der Junge, die Mutter, ______________________

____

____

____

____

Überprüfe nun deine Lösungen mit Hilfe des Lösungsteils!

Ich benutze **der, die, das,** wenn ich eine **bestimmte** Person, ein **bestimmtes** Tier, eine **bestimmte** Pflanze oder ein **bestimmtes** Ding meine.

Die unbestimmten Begleiter (unbestimmten Artikel)

Es gibt auch **unbestimmte Begleiter (Artikel)**.

Die unbestimmten Begleiter (Artikel) heißen:
ein, eine, ein.

Beispiel

ein Hund **ein** Tor **eine** Ziege **ein** Hase

Übung 20

Verbinde den **unbestimmten Begleiter (Artikel)** durch einen Pfeil mit dem passenden **Nomen (Namenwort)**.

ein ein Haus Zuckertüte

eine eine Spardose Glücksschwein

Übung 21

Sortiere. Benutze den **unbestimmten Begleiter (Artikel)**.

Reh
Dinosaurier
Rose

Wut
Freude
Müdigkeit

Tipp

Streiche jedes Nomen, das du eingeordnet hast, durch.

Pflanzen und Tiere:	Du spürst oder fühlst:
ein Reh	eine Wut

Überprüfe nun deine Lösungen mit Hilfe des Lösungsteils!

Übung 22

a) Unterstreiche die **Nomen (Namenwörter)**, die einen **unbestimmten Begleiter (Artikel)** haben.

Tipp

Die beiden sind sich noch nicht einig, welches Kleidungsstück gekauft wird. Deswegen benutzen sie den **unbestimmten Artikel**.

Der Einkaufsbummel

Silke geht mit ihrer Mutter in die Stadt. Sie wollen eine Bluse oder einen Pulli kaufen. Schon auf dem Weg dorthin streiten sie sich. «Nimm doch eine grüne Bluse», meint Silkes Mutter. «Nein, ich will einen roten Pulli», antwortet Silke.

b) Welches Kleidungsstück könnten sie beim nächsten Mal einkaufen? Benutze den **unbestimmten Begleiter (Artikel)**.

Beispiel

Wir können **eine Hose** kaufen.
Wir können **einen Mantel** kaufen.

Wir können einen ______________________ kaufen.

Wir können ein ______________________ kaufen.

Wir können eine ______________________ kaufen.

Wir können einen ______________________ kaufen.

Hinweis

Du siehst: Begleiter (Artikel) können sich im Satz verändern. Auch «einen» ist ein unbestimmter Begleiter (Artikel).

Überprüfe nun deine Lösungen!

Nomen (Namenwörter) kommen in der Einzahl (Singular) und in der Mehrzahl (Plural) vor

Schau in den Spiegel. Notiere, welche Körperteile nur einmal vorhanden sind und welche Körperteile doppelt vorkommen. Schreibe den bestimmten Begleiter (Artikel) davor.

Übung 23

Einzahl (Singular)	Mehrzahl (Plural)
die Nase	die Ohren
	die
	die

Tipp

der, die, das sind bestimmte Begleiter (Artikel).

a) Trenne die Wörter durch senkrechte Striche.

Übung 24

LESEBUCH|MARKTBETTENKINDER

GIRAFFENHUNDEKATZEBLEISTIFT

b) Ordne nach Einzahl (Singular) oder Mehrzahl (Plural).
Vergiss den bestimmten Begleiter (Artikel) nicht.

Hilfe

Vergleiche Übung 23.

Einzahl (Singular)	Mehrzahl (Plural)
das Lesebuch	die Betten
	die
	die
	die

Überprüfe nun deine Lösungen mit Hilfe des Lösungsteils!

Übung 25 a) Sortiere nach **Einzahl (Singular)** oder **Mehrzahl (Plural)**.

der Arm · die Haare · die Arme · die Beine · das Bein · das Haar

Einzahl (Singular)	Mehrzahl (Plural)

b) Schreibe eigene Beispiele.

Einzahl (Singular)	Mehrzahl (Plural)
der Tisch	*die Tische*
d	*d*
d	*d*

Tipp Schau alle Begleiter (Artikel) in der Mehrzahl (Plural) an, du machst eine Entdeckung!

Überprüfe nun deine Lösungen mit Hilfe des Lösungsteils!

Der Begleiter (Artikel) in der Mehrzahl (im Plural) heißt im 1. Fall («Wer oder was?») immer ________ .

die

Einzahl (Singular) oder **Mehrzahl (Plural)**? Schreibe die richtige Form in die Lücke.

Übung 26

Heute spielen wir Zirkus

Die ______________ der Klasse 1 veranstalten einen
Kind / Kinder

Zirkus. Zuerst kommen die ______________ .
Pinguin / Pinguine

Sie watscheln langsam auf die ______________ .
Bühne / Bühnen

Der ______________ kündigt nun die
Zirkusdirektor / Zirkusdirektoren

______________ an. Mit lautem Gebrüll kommen
Löwe / Löwen

sie heraus. Schon sind auch die ______________
Clown / Clowns

gekommen und machen ihre ______________ .
Spaß / Späße

Stell dir vor, es hätte nur **ein** Kind mitgemacht.
Wie hätte man da Zirkus spielen können?

Manche Nomen (Namenwörter) haben nur **eine Form**:
das Eis, die Ruhe, der Lärm.

Manche Nomen (Namenwörter) klingen in der **Einzahl (Singular)** und **Mehrzahl (Plural)** gleich:
der Roller – die Roller
der Esel – die Esel

Überprüfe nun deine Lösungen mit Hilfe des Lösungsteils!

Für Nomen (Namenwörter) gibt es Oberbegriffe

Übung 27 Ein **Nomen (Namenwort)** hat sich verlaufen. Streiche durch, was nicht zu dieser Gruppe von Wörtern passt.

Tennis — Fußball — Hockey — Tischtennis — Limonade — Schwimmen — Handball

Sechs der Wörter sind Namen für Sportarten. «Sportarten» ist ein **Oberbegriff**.

Übung 28 Hier findest du Beispiele zum **Oberbegriff** «Spielzeug». Trage noch drei weitere ein.

Spielzeug		
Ball	Puppe	Rennbahn
______	______	______

Übung 29 Notiere **Nomen (Namenwörter)** zu folgenden **Oberbegriffen**.

Überprüfe nun deine Lösungen mit Hilfe des Lösungsteils!

Tiere: ______ ______ ______

Pflanzen: ______ ______ ______

Oberbegriffe fassen mehrere andere Nomen (Namenwörter) ______________ .
zusammen

a) Sortiere die Nomen (Namenwörter) nach den **Oberbegriffen** ein!
b) Schreibe einen **Oberbegriff** über den dritten Kasten!

Übung 30

Pilot Bett Tisch Tee Limonade Maurer Hocker Saft Ärztin Gärtner Wasser Stuhl

Möbel	Berufe	
		Limonade, Saft, Tee, Wasser

Kreise alle **Gebäude** ein. Überprüfe dann deine Lösungen!

Übung 31

HOCHHAUSFABRIKSCHLOSSKIRCHEREIHENHAUS

Nomen (Namenwörter) haben einen Begleiter. Er kann in der E______________
Einzahl
und in der M______________ vorkommen. Eine Gruppe von Nomen
Mehrzahl
(Namenwörtern) kann man zu einem O______________ zusammenfassen.
Oberbegriff

Nomen (Namenwörter) und ihre Begleiter (Artikel) können sich verändern

Übung 32

den Hund	der Hund	des Hundes	dem Hund

Diese vier Ausdrücke hast du sicher schon oft beim Erzählen benutzt.
Füge sie an der richtigen Stelle ein.

Tipp
Lies dir die Sätze jetzt noch einmal laut vor. Klingen sie richtig?

Die Nase ________________ ist sehr empfindlich.

Susi geht mit ________________ nach draußen.

________________ flitzt den Weg entlang. Susi will

________________ mit nach Dänemark nehmen.

Die **vier** verschiedenen Formen des Nomens (Namenwortes) nennt man **Fälle.**

Übung 33 Setze den richtigen **Fall** ein. Überprüfe dann die Lösungen!

1. Fall →	der Hund	*Der Hund* bellt laut.
2. Fall →	des Hundes	Das Fell ________________ ist nass.
3. Fall →	dem Hund	Gabi gibt ________________ Futter.
4. Fall →	den Hund	Ina will ________________ streicheln.

Saha

Saha kommt aus dem Libanon. Sie spricht noch nicht so gut Deutsch. Ihre Freundin Tanja hilft ihr bei den Hausaufgaben. Manchmal muss Saha noch überlegen, welche **Form des Nomens (Namenwortes)** richtig ist.

Setze die richtige **Form des Nomens (Namenwortes)** ein. **Übung 34**

Einen Kuchen backen

Giselas Mutter erzählt ______________________ von
die Kinder / den Kindern

ihrem neuen Kuchenrezept. Schon früh am Morgen

will sie den Kuchen backen. Am Nachmittag soll er

______________________ gut schmecken.
die Gäste / den Gästen

Überprüfe nun deine Lösungen mit Hilfe des Lösungsteils!

Übung 35 Was passt an welche Stelle? Fülle die Lücken.

dem Fahrrad — den Nachzügler — den Durst — dem Mittagessen

Ein Ausflug

Nach ____________ trifft Rolf seine Freunde. Sie wollen mit ____________ zur alten Mühle radeln. Gegen ____________ haben sie sich zwei Flaschen Saft mitgenommen. Sie warten noch auf ____________ Ingo.

Nomen (Namenwörter) und ihre Begleiter (Artikel) können sich im Satz ____________ .

verändern

Überprüfe nun deine Lösungen mit Hilfe des Lösungsteils!

Zusammengesetzte Nomen (Namenwörter)

Wenn zwei **Nomen (Namenwörter)** zusammenwachsen, drückt das neue Wort aus, um was es sich handelt. Und die Geschichte wird **spannender**. Auch beim Sprechen wird dadurch der Satz **anschaulicher**.

Beispiel

Die Katze hockt unter dem **Baum.**
Die Katze hockt unter dem **Apfelbaum.**

Das **zusammengesetzte Nomen (Namenwort)** besteht aus:
Apfel + Baum → Apfelbaum.

Aus zwei Nomen (Namenwörtern) wird **ein zusammengesetztes Nomen (Namenwort).**

Du kannst dir den Baum nun genauer vorstellen.

Übung 36

Gerrit hat zu seinem Geburtstag ein tolles Buch bekommen.
Er verrät aber nicht, was für eines es ist.
Du kannst es herausfinden. Lies den Tipp.

Abenteuer + Buch → *Abenteuerbuch*
Tier + Buch → ________
Märchen + Buch → ________
Pferde + Buch → ________
Es ist ein ________________ .

Tipp

Im Buch ist eine Geschichte von Hänsel und Gretel.

Überprüfe nun deine Lösungen!

Übung 37 a) Bilde zusammengesetzte Nomen (Namenwörter). Beginne links unten.

Ball ↗ Spiel ↘ Haus ↗ Tier ↘ Käfig ↗ Tür ↘ Schloss

Ball	+	Spiel	→	Ballspiel
Spiel	+	Haus	→	Sp
Haus	+	Tier	→	H
Tier	+		→	T
Käfig	+		→	K
Tür	+		→	T

b) Jetzt kannst du die **zusammengesetzten Nomen** (Namenwörter) in die folgenden Sätze einsetzen:

1. Fußball ist ein tolles Ballspiel.
2. In dem ______ verstecken sich Fabian und Anne.
3. Franziska wünscht sich so sehr ein ______.
4. Ein ______ ist wichtig, damit Tiere nicht weglaufen.
5. Der Affe rüttelt an der ______.
6. Papa steckt den Schlüssel in das ______.

Überprüfe nun deine Lösungen mit Hilfe des Lösungsteils!

Nomen + Nomen → zusammengesetztes Nomen.
Zusammengesetzte Nomen (Namenwörter) schreibt man ______________ .

groß

Übung 38

Suche aus der folgenden Geschichte alle **zusammengesetzten Nomen (Namenwörter)** heraus und unterstreiche sie.

Die Winterstiefel

Christian geht mit seiner Tante in ein Schuhgeschäft. Schon an der Eingangstür ist er ganz aufgeregt. «Hoffentlich finde ich schöne Winterstiefel», meint er. An der linken Seite stehen Lederstiefel, Herrenschuhe in vielen Größen und auch Damenschuhe. Rechts hinten sind die Kinderschuhe. Christian hat schnell einen tollen Stiefel entdeckt. «Den würde ich so gerne haben», sagt er zu seiner Tante.

Tipp

Nomen + Nomen → zusammengesetztes Nomen: Apfel + Baum → Apfelbaum

Hinweis

Lauter Schuhe, aber welche genau? Das Wort am Anfang bestimmt das zweite Wort (den Schuh) genauer.

Überprüfe nun deine Lösungen mit Hilfe des Lösungsteils!

Übung 39 Notiere, aus welchen beiden Nomen (Namenwörtern) diese **zusammengesetzten Nomen (Namenwörter)** bestehen.

Winterschuhe

______________ + ______________

Kinderschuhe

______________ + ______________

Damenschuhe

______________ + ______________

Hausschuhe

______________ + ______________

Ein zusammengesetztes Nomen (Namenwort) besteht aus einem **Grundwort** (Schuhe) und einem **Bestimmungswort** (Kinder).

Darüber erfährst du jetzt mehr.

Das **Bestimmungswort** bestimmt das **Grundwort** genauer.

Beispiel

Bestimmungswort	Grundwort
Leder	-ball
Fuß	-ball
Wasser	-ball

Tipp

Du weißt nun, dass Hendrik nicht seinen Fußball mitnimmt.

Hendrik nimmt seinen __________________ mit ins Schwimmbad.

Wasserball

Überprüfe nun deine Lösungen mit Hilfe des Lösungsteils!

Diesmal heißt unser **Grundwort**: Wagen.
Wir wollen den **Wagen** näher bestimmen.

Übung 40

Bestimmungswort	**Grundwort**
Last	-wagen
Kinder	-wagen
Kranken	-wagen
Pferde	-wagen

Der **Wagen** lädt Kies auf.
Und jetzt genauer:

Der ______________________ lädt Kies auf.

Tante Edith schiebt den **Wagen**.
Und jetzt genauer:

Tante Edith schiebt den ______________________ .

Der Sanitäter steuert den **Wagen**.
Und jetzt genauer:

Der Sanitäter steuert den ______________________ .

Wir unternehmen einen Ausflug im **Wagen**.
Und jetzt genauer:

Wir unternehmen einen Ausflug im

______________________ .

Das Bestimmungswort beschreibt das Grundwort

______________________ .

genauer

Überprüfe nun deine Lösungen mit Hilfe des Lösungsteils!

So findest du den richtigen **Begleiter (Artikel)** für das zusammengesetzte **Nomen (Namenwort).**

Beispiel

Bestimmungswort | **Grundwort**
der Garten → das Häuschen

zusammengesetztes Nomen (Namenwort)
das Gartenhäuschen

Bestimmungswort | **Grundwort**
der Zirkus → die Vorstellung

zusammengesetztes Nomen (Namenwort)
die Zirkusvorstellung

Bestimmungswort | **Grundwort**
die Sonne → der Schein

zusammengesetztes Nomen (Namenwort)
der Sonnenschein

Tipp

Schau dir die Pfeile an, dann entdeckst du, wonach sich der Begleiter richtet.

Der Begleiter von zusammengesetzten Nomen (Namenwörtern) richtet sich nach dem ____________________ .

Grundwort

Tipp

Bei fast allen **zusammengesetzten Nomen (Namenwörtern)** steht das **Grundwort** an der **zweiten Stelle.**

Damit zwei Nomen zusammenwachsen können, werden manchmal Buchstaben am Ende des ersten Wortes

eingeschoben: Geburtstag + Kuchen
→ Geburtstagskuchen

Setze zusammen. Sprich die Verbindungsstellen laut und deutlich aus.

Übung 41

Treppe + Haus	→	______
Pferd + Fuß	→	______
Brille + Glas	→	______
Schwalbe + Nest	→	______
Advent + Kranz	→	______

Tipp

Es muss immer ein Buchstabe eingesetzt werden.

Es gibt aber auch noch andere Möglichkeiten beim Zusammenwachsen.
Die Buchstaben am Ende des ersten Wortes werden:

weggelassen: Birne + Baum → Birnbaum
verändert: Weihnachten + Baum → Weihnachtsbaum

Zusammengesetzte Nomen (Namenwörter)
- werden großgeschrieben,
- beschreiben das Grundwort genauer,
- haben Begleiter (Artikel) (der, die, das, ein, eine, ein),
- haben einen Begleiter (Artikel), der sich nach dem Grundwort richtet,
- haben das Grundwort fast immer an der zweiten Stelle.

Überprüfe nun deine Lösungen mit Hilfe des Lösungsteils!

Halt!
15 Minuten

Nomen (Namenwörter): Teste dich selbst

(6 Punkte) 1. Setze die passenden **Begleiter (Artikel)** ein und bilde die **Mehrzahl (Plural)**:

der	Bahnhof	→	*die Bahnhöfe*
______	Zug	→	______
______	Schaffner	→	______
______	Lokomotive	→	______

(6 Punkte) 2. Setze die Nomen (Namenwörter) mit ihren **bestimmten Begleitern (Artikeln)** ein:

Picknickkorb — Kartoffelsalat — Kühlschrank

Tipp
Denke daran: Begleiter (Artikel) können sich verändern: den Hund, der Hund, dem Hund, des Hundes.

Susi mault, weil sie endlich losfahren möchte. ______ ______ ist schon gepackt. Vater ruft aus der Garage: «Habt ihr auch ______ aus ______ genommen?»

(4 Punkte) 3. Bilde vier zusammengesetzte **Nomen (Namenwörter)**.

Salat — Obst — Kopf — Stand — Markt

______ ______
______ ______

Überprüfe nun deine Lösungen und lies die Bewertung im Lösungsteil.

Nomen (Namenwörter) können durch Fürwörter (Pronomen) ersetzt werden

Beispiel

Streit in der Pause

Nach der großen Pause herrscht ein Riesenlärm vor der 3. Klasse. Matthias ruft: «Das macht **er** immer! Erst gestern hat **er** mir den Ball weggenommen. Wehe, wenn **er** das noch einmal macht.» Frau Gerber hört das Geschrei. «Wen meinst du eigentlich, Matthias?», fragt sie.

Überlege:
Warum weiß Frau Gerber nicht, von wem Matthias spricht?

Richtig:
Matthias hat den Namen seines Mitschülers nicht genannt.

So hätte sie ihn verstanden: «Das macht **Uwe** immer! Erst gestern hat **er** mir den Ball weggenommen …»

Hier hat das Fürwort (Pronomen) **er** den **Namen eines Menschen** ersetzt. Fürwörter (Pronomen) können aber auch **Namen für Tiere, Pflanzen** und **Dinge** ersetzen.

Beispiel

der Hund, **der** Hafer, **der** Hunger: **er**
die Katze, **die** Kuh, **die** Rose, **die** Gesundheit: **sie**
das Huhn, **das** Kalb, **das** Haus, **das** Nest: **es**

Hier findest du alle **Fürwörter (Pronomen)** auf einen Blick:

ich · du · er · sie · es · wir · ihr · sie

Diese Fürwörter (Pronomen) ersetzen Nomen (Namenwörter) für Menschen, Pflanzen, Tiere und Dinge in der **Einzahl (Singular)**.

Diese Fürwörter (Pronomen) ersetzen Nomen (Namenwörter) für Menschen, Pflanzen, Tiere und Dinge in der **Mehrzahl (Plural)**.

Übung 42 Setze das richtige **Fürwort (Pronomen)** ein.

Am Morgen

a) **Olaf** packt seinen Ranzen ein. er

b) **Susi** wartet schon an der Tür auf ihn. ______

c) **Mama** will sie zur Schule fahren. ______

d) «**Das Baby** schreit so laut», meint **Mama**. ______
«Ich kann jetzt leider nicht weg.» ______

e) Es bleibt keine andere Wahl. **Die Kinder** ______
müssen **die Fahrräder** nehmen, um ______
pünktlich zu kommen.

Überprüfe nun deine Lösungen mit Hilfe des Lösungsteils!

Findest du des Rätsels Lösung?

Übung 43

Es liebt die Zeit um Mitternacht.

das

Sie kann nur ganz langsam kriechen.

die

Er kommt immer nach dem Winter.

der

Sie starten von einem Flughafen.

die

Verwende in Aufsätzen nicht nur **Nomen** (**Namenwörter**), sondern auch **Fürwörter** (**Pronomen**). Das macht deine Geschichten abwechslungsreicher.

Tipp

Probiere es gleich einmal aus.

Übung 44

Monika ist krank

Monika liegt seit Tagen im Bett. __________ hat Halsschmerzen. Mutter bringt __________ einen heißen Tee. __________ mag ihn aber nicht trinken. Ganz fest presst __________ ihre Lippen zusammen.

Hilfe

Alle Fürwörter findest du auf Seite 44.

Das Fürwort im zweiten Satz steht im 3. Fall («Wem?»).

Hinweis

Überprüfe nun deine Lösungen!

Kennst du das Spiel «Teekesselchen»? Hier müssen **Wörter** erraten werden, **die gleich klingen**, aber **verschiedene Bedeutungen** haben.

Beispiel

(Geldbank)	(Parkbank)
Die **Bank** wurde ausgeraubt.	Die **Bank** wurde gestrichen.
Sie wurde ausgeraubt.	**Sie** wurde gestrichen.

Hinweis Das Wort «Bank» darf natürlich nicht verraten werden. Deshalb setzt man dafür das Fürwort (Pronomen) «sie» ein.

Übung 45 a) Rate mal, welche «Teekesselchen» sich hinter den **Fürwörtern (Pronomen)** verstecken.

I E B N R

Sie steckt in jeder Lampe.	Es ist eine
Sie schmeckt lecker.	______________ .

S L S SCH O

Es wird von einem König bewohnt.	Es ist ein
Es wird mit einem Schlüssel geöffnet.	______________ .

b) Findest du selber ein Rätsel für das dritte Teekesselchen?

A H N H

Überprüfe nun deine Lösungen mit Hilfe des Lösungsteils!

Nomen (Namenwörter): Teste dich selbst

Halt!
20 Minuten

1. Kreise alle **Nomen (Namenwörter)** ein. **(5 Punkte)**

Tisch, matt, Malblock, neu, alt, witzig, süß, Schrank, klettern, beißen, Tiger, Bett, hundert, sitzt, gesessen, nett, auf, zu, nach, schreiben

2. Schreibe die **Nomen (Namenwörter)** von Nr. 1 mit ihrem **bestimmten Begleiter (Artikel)** auf. Bilde dann die **Mehrzahl (Plural)**. **(8 Punkte)**

der Tisch	die Tische
______	______
______	______
______	______
______	______

3. Ersetze die zusammengesetzten **Nomen (Namenwörter)** durch ein passendes **Fürwort (Pronomen)**. **(4 Punkte)**

a) das Bilderbuch: ______

b) die Zirkusvorstellung: ______

c) der Jahrmarkt: ______

d) der Hundekäfig: ______

Überprüfe nun deine Lösungen und lies die Bewertung im Lösungsteil.

Verben (Tuwörter) sagen, was jemand tut oder was geschieht

Das Verb (das Tuwort)

Wer tut was? Und was geschieht?

Der Kindergeburtstag

Tobias wartet aufgeregt auf seine Gäste. Mutter kocht Kakao und deckt den Tisch. Es klingelt. Tobias stürzt zur Haustür und öffnet sie. Da stehen Patrick, Ingo, Otto und Pauline. Sie tragen ein Riesenpaket. Tobias staunt. «Das ist für mich?», fragt er.

Hinweis

Um das Verb «klingelt» geht es auf Seite 50.

Übung 46

Die unterstrichenen Wörter sagen dir, was die Personen dieser Geschichte **tun**. Ordne richtig zu.

Tobias	Mutter	Patrick, Ingo, Otto, Pauline
w	k	st
st	d	tr
ö		
st		
f		

Übung 47

a) Hier kleben wieder Wörter aneinander. Suche die fünf Wörter heraus, die sagen, **was Tobias tut**. Kreise sie ein.

kochenbratenwartenholenhüpfenrechnensuchen
stürzengebenstehenstaunentragenfragenöffnen

Überprüfe nun deine Lösungen mit Hilfe des Lösungsteils!

b) Ein Zauberer hat die fünf Wörter vertauscht.
Seine Geheimschrift hilft dir, die neue Reihenfolge herauszufinden. Ordne richtig zu.

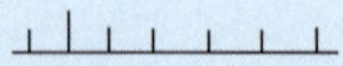

1. ______________

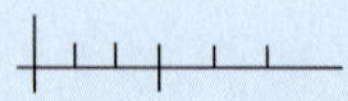

2. ______________

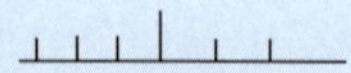

3. *w*______________

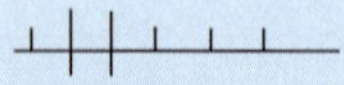

4. ______________

5. ______________

Verben (Tuwörter) sagen dir,
was jemand **tut** oder
was **geschieht**.
Verben werden **kleingeschrieben**.

Schau dir noch einmal den Text auf Seite 49 an.

In der Geschichte «Der Kindergeburtstag» **geschieht** noch etwas. Das **Verb (Tuwort)** ist nicht unterstrichen, sondern eingekreist. Suche die Stelle!

Es *k*______________ .
klingelt

Überprüfe nun deine Lösungen mit Hilfe des Lösungsteils!

In Geschichten kommen neben **Verben (Tuwörtern)**, die sagen, was jemand **tut** (Tobias wartet, Mutter kocht), auch oft **Verben (Tuwörter)** vor, die ausdrücken, was **geschieht**.

Beispiel

es **regnet**, es **schneit**, es **läutet**, es **brennt**, es **klappert**

Alle **Verben (Tuwörter)** sagen, was **geschieht**.

Übung 48

Du kannst täglich vieles tun.
Lies alle **Verben (Tuwörter)** laut.

spielen malen aufräumen

turnen laufen

schreiben lesen

faulenzen rechnen

Wähle nun vier **Verben (Tuwörter)** aus und trage sie in die Lücken ein.

Das tue ich gern!	Das tue ich nicht so gern!

______	______
______	______

Überprüfe nun deine Lösungen mit Hilfe des Lösungsteils!

Übung 49 **Verben (Tuwörter)** gesucht!

Tipp

Verben (Tuwörter) werden kleingeschrieben.

Topf kochen
Deckel brutzeln
abgießen Herdplatte
erhitzen Elektroherd

Umkreise den ersten Buchstaben der **Verben (Tuwörter)**.

Trage ein: Es sind ______________ **Verben (Tuwörter)**.

vier

Für schlaue Füchse: Die übrigen Wörter sind **keine Verben (Tuwörter)**, sondern ______________________ .

Nomen (Namenwörter)

Übung 50 Hier kannst du reimen.

laufen	trinken	essen
r______	w______	m______
schn______	bl______	fr______

Übung 51 Setze die richtigen **Verben** (Tuwörter) ein.

Überprüfe dann deine Lösungen.

Ich bin Pilot.	Ich ______________	ein Flugzeug.	untersuche
Ich bin Bäcker.	Ich ______________	Brot.	fliege
Ich bin Ärztin.	Ich ______________	Kinder.	backe

Verben (Tuwörter) sagen, was jemand __________
tut

oder was __________________ .
geschieht

Übung 52

Der Umzug

Familie Müller will von Frankfurt nach Rostock umziehen. Da gibt es viel zu tun, bevor der Möbelwagen vor der Tür steht.

Tipp

Das Verb verändert sich im Satz, z. B. schneid**en**: Peter schneid**et** das Brot.

Setze folgende **Verben (Tuwörter)** ein.

schieben · packen · ordnen · tragen · helfen

Frau Müller *faltet* die Kleidungsstücke. Danach ____________ sie diese in mehrere Kartons. Herr Müller ____________ die Kartons in den Flur. Anschließend ____________ er seinen Kindern beim Einpacken. Fred ____________ gerade seine Spielsachen. Svenja ____________ eine schwere Bücherkiste zur Tür.

Übung 53

Finde **Verben (Tuwörter)**, die die Sätze spannend machen.
Hier eine kleine Hilfe: lteprssa, ringspen, ttürelt, tflatren

Der Regen *p*____________ auf das Dach.

Scharfer Wind *r*____________ an den Bäumen.

Alle Kleidungsstücke *fl*____________ im Sturm.

Zwei Kinder *sp*____________ durch große Pfützen.

Überprüfe nun deine Lösungen!

Sätze werden langweilig, wenn das **Verb (Tuwort)** «machen» zu oft gebraucht wird.

Übung 54 Kannst du diese Sätze interessanter gestalten? Setze ein:

schließt kocht backt putzt

	So klingt es interessanter:
Tante Frieda **macht** das Essen.	Tante Frieda k__________ das Essen.
Omi **macht** Kuchen.	Omi __________ den Kuchen.
Rudi **macht** sein Fahrrad.	Rudi __________ sein Fahrrad.
Eugen **macht** die Tür zu.	Eugen __________ die Tür zu.

Übung 55 Wie heißen die **Verben (Tuwörter)**?
Verbinde die Teile durch einen Strich.

füt	tern	wis	len
hof	len	rat	pern
fal	tern	kau	fen
bit	ten	tref	tern
blät	fen	rol	fen

Überprüfe nun deine Lösungen mit Hilfe des Lösungsteils!

Verben sind ______________________ .
Tuwörter

Verben schreibt man ________________ .
klein

Verben (Tuwörter) kommen in der Grundform vor

Beispiel

bauen	tapezieren	streichen	planen
essen	schwimmen	sonnen	faulenzen

Das sind alles **Verben (Tuwörter) in der Grundform**.
Sie verraten noch nicht, **wer** etwas tut.

Beispiel

bau**en**: Wer bau**t**?	Herr Müller bau**t** ein Haus. Sabina bau**t** ein Gartenhaus.
schwimm**en**: Wer schwimm**t**?	Die Ente schwimm**t** auf dem See. Paul schwimm**t** im Meer.
tapezier**en**: Wer tapezier**t**?	Opa? Mama? Elke? Nein! Rolf tapezier**t** das Schlafzimmer.

Auch diese **Verben (Tuwörter)** stehen in der **Grundform**:
spiel**en**, lauf**en**, saus**en**, les**en**, erzähl**en**, reit**en**, rechn**en**

Die Grundform eines Verbs (Tuwortes) erkenne ich an der Endung «en»:
zeichn**en**, flieg**en**, lach**en**

Achtung! Es gibt **Ausnahmen**!

ratte**rn**	→	Der Zug ratte**rt** durch den Tunnel.
klette**rn**	→	Martin klette**rt** die Mauer hoch.
sege**ln**	→	Papa sege**lt** jeden Sonntag.

Nach r und l kommt nur ein n. Es gibt in der Grundform also auch die Endungen «rn» und «ln», z. B. baste**ln**, mecke**rn**.

Übung 56 Schreibe die **Grundform** auf. Kreise die Endung **en** ein.

ich pflücke	→	pflück(en)
er bellt	→	________
sie trifft	→	________

Übung 57 Kreise die Endung **en der Verben (Tuwörter)** ein.

arbeit(en)	schreiben	suchen
spielen	laufen	helfen
flöten	fahren	telefonieren
rufen	tanzen	werfen

Übung 58 Trenne diese zusammengewachsenen **Verben (Tuwörter)**.

Überprüfe nun deine Lösungen mit Hilfe des Lösungsteils!

lachen | rufenklingelnbittensuchenknabbernflüstern
erzählenessensingentanzenlaufenhörenkriechen

Verben (Tuwörter): Teste dich selbst

Halt!
20 Minuten

1. Suche alle **Verben (Tuwörter)** heraus und kreise sie ein. **(7 Punkte)**

Tisch – holen – bellen – Taschentuch – tanken –
füttern – fein – Suchbild – fällt – bittet – lernen – Müsli

2. Setze den fehlenden Anfangsbuchstaben des **Verbs** (des **Tuwortes**) ein: **(8 Punkte)**

___ufen	___üttern	___achen	___ehen
___ingen	___alen	___echnen	___pringen

3. Schreibe das **Verb (Tuwort)** in der **Grundform** auf. **(6 Punkte)**

sie fährt – ___________	sie sucht – ___________
ich singe – ___________	wir gehen – ___________
du spielst – ___________	ihr ruft – ___________

4. Suche passende **Verben (Tuwörter)** aus und setze sie ein: **(3 Punkte)**
überholt, lacht, rast, denkt, kriecht, fährt

a) Alina ______________ mit dem Fahrrad.
b) Papa ______________ einen langsamen Autofahrer.
c) Der Rennwagen ______________ über die Straße.

Überprüfe nun deine Lösungen und lies die Bewertung im Lösungsteil.

Verben (Tuwörter) haben einen Stamm und verschiedene Endungen

Verben (Tuwörter) können sich verändern. **Wie** sie sich verändern, hängt von der Person ab, die etwas tut.

Beispiel

Sabine geh**t**.
Wir laufe**n**.

Silke ruder**t**.
Paul und Lisa ruder**n**.

Übung 59 Setze die passende **Endung** ein.

t en st t n

Opa bau ______ einen Nistkasten für die Vögel. Die Mutter hilf ______ Ina bei den Hausaufgaben. Wir verreis ______ nach Frankreich. Gib ______ du mir den Radiergummi? Papa und Fritz bastel ______ ein Auto.

Übung 60 Abends will Familie Hinz zu Inas Geburtstagsfeier. Sicher gibt es viel zu lachen. Setze die fehlenden **Endungen** ein.

Überprüfe nun deine Lösungen mit Hilfe des Lösungsteils!

ich **lache**	wir **lach** ______
du **lach** ______	ihr **lach** ______
er, sie, es **lach** ______	sie **lach** ______

Der Verbanfang ist gleich geblieben. Er heißt **Wortstamm.** Nur die Endungen haben sich verändert.

Finde zu jedem **Wortstamm** die richtige **Endung**. **Übung 61**
Setze die **Verbform** in die Sätze ein.

Stamm such zieh sag heb nehm steh + **Endung** en t en t t e

Auf dem Dachboden *suchen* Tanja und Lars nach alten Sachen.

In der Ecke ________________ zwei große, alte Holzkisten.

Tanja ____________ den schweren Deckel hoch. Lars ______________ einen alten Hut heraus. «Super, den ______________ ich für die nächste Faschingsfeier», ______________ er.

Verbinde den **Wortstamm** mit der passenden **Endung**. **Übung 62**

ich	renn	t	wir	renn	st
du	renn	en	ihr	renn	en
er, sie, es	renn	e	sie	renn	t

Manchmal wird im Wortstamm
aus a → ä und aus au → äu

Ich grabe ein Loch.
Mama gräbt ein Loch.

Silvia und Mark **lau**fen.
Ihr Hund **läu**ft hinterher.

Verben (Tuwörter) haben einen *St*________ und eine *E*________.

(Lösung kopfstehend: Stamm, Endung)

Überprüfe nun deine Lösungen mit Hilfe des Lösungsteils!

Verben (Tuwörter) verändern ihre Bedeutung durch vorangestellte Wortbausteine

be ver ab an er

Diese **Wortbausteine** sind wie kleine Zauberer. Durch sie bekommt ein **Verb (Tuwort)** eine **andere Bedeutung.**

Beispiel

Der kleine Junge **sucht** seine Tante.
Der kleine Junge **besucht** seine Tante.

Ein Riesenunterschied in der Bedeutung!

Auf einer alten Steinmauer hat Miriam mit Kreide viele solcher **Wortbausteine** aufgeschrieben.

Diese Bausteine können mit einem Verb (Tuwort) zusammenwachsen.

Übung 63 Verändere das **Verb (Tuwort) schreiben** durch solche **Bausteine**. Überprüfe anschließend deine Lösungen.

beschreiben ______ ______

______ ______ ______

Setze passende **Bausteine vor** das **Verb (Tuwort)**.

Übung 64

ab ab auf be

Martin ist faul

Es ist heiß und schwül. Martin liegt auf dem Sofa. Er mag sich gar nicht wegen. Ständig muss er sich den Schweiß wischen. Seine Mutter ruft: «Kannst du Sarah vom Kindergarten holen?» Martin antwortet: «Ich bin so faul und möchte am liebsten nicht stehen.»

Verändere das **Verb (Tuwort) fallen** in seiner Bedeutung.

Übung 65

ge um an aus → fallen

wegfallen abfallen

________ ________

________ ________

Hinweis

Beachte: Die Bausteine und das Verb (Tuwort) werden **zusammengeschrieben**.

Was passt zusammen? Verbinde.

Übung 66

Stuhl	**ab**fallen
Äpfel	**um**fallen
Geschenke	**aus**fallen
Unterricht	**ge**fallen
Hund	**an**fallen

Überprüfe nun deine Lösungen mit Hilfe des Lösungsteils!

Übung 67 Diese **Verben (Tuwörter)** sind alle mit Hilfe von **Wortbausteinen** gebildet worden. Kreise die **Wortbausteine** ein.

vorschlagen	wegziehen	austrocknen
abgeben	umziehen	vorsagen
weggeben	abziehen	nachsprechen
zugeben	zuziehen	mitgehen
nachgeben	abholen	zubinden

Übung 68 Denk dir **Verben (Tuwörter)** aus, die zu diesen **Wortbausteinen** passen.

ab ______ zu ______

ab ______ zu ______

Hinweis

Du siehst, dass Verben (Tuwörter) manchmal auch als Nomen vorkommen.

Ein altes Sprichwort enthält gleich mehrere solcher Bausteine: «Es kann vorkommen, dass die Nachkommen mit dem Einkommen ihrer Vorkommen nicht auskommen!»

Bausteine vor Verben (Tuwörtern) können die Bedeutung ______________ .

verändern

Überprüfe nun deine Lösungen mit Hilfe des Lösungsteils!

Verben (Tuwörter) verändern sich in verschiedenen Zeitformen

Übung 69

Setze ein: krächzt kaufen fährt folgt

Der Zoobesuch

Pauline ______________ mit ihren Freunden in den Zoo. Am Eingang ______________ alle eine Eintrittskarte. Schon von weitem hören sie, dass ein Ara ______________ . Pauline ______________ dem Schild «Zu den Papageien».

Hinweis

Die Gegenwartsform nennt man auch **Präsens**.

Pauline und ihre Freunde sind **heute** im Zoo.
Die Verben stehen in der **Gegenwartsform**.

Übung 70

Setze ein: fuhr folgte krächzte kauften

Der Zoobesuch

Klara ______________ mit ihren Freunden in den Zoo. Am Eingang ______________ alle eine Eintrittskarte. Schon von weitem hörten sie, dass ein Ara ______________ . Klara ______________ dem Schild «Zu den Papageien».

Tipp

Die gleiche Geschichte, aber mit einem wichtigen Unterschied.

Hinweis

Die Vergangenheitsform nennt man **Präteritum**.

Klara und ihre Freunde waren **gestern** im Zoo.
Die Verben (Tuwörter) stehen in der **Vergangenheitsform**.

Überprüfe nun deine Lösungen!

Erzählen wir etwas über die **Gegenwart**, benutzen wir die **Gegenwartsform (Präsens)** des Verbs (Tuwortes).

Übung 71

Diese **Verben (Tuwörter)** stehen in der **Gegenwartsform (Präsens)**. Setze ein:

streckt — stehen — wirft

Am Elefantengehege ______________ viele Menschen.

Ein junger Elefant ______________ seinen Rüssel aus.

Der Elefantenbulle _________ Erde auf seinen Rücken.

Erzählen wir etwas aus der **Vergangenheit**, benutzen wir die **Vergangenheitsform (Präteritum)** des Verbs.

Wie klingen diese Sätze in der **Vergangenheitsform (Präteritum)**? Setze ein:

Tipp

Achtung! Die Verben (Tuwörter) stehen in einer anderen Reihenfolge.

warf — standen — streckte

Am Elefantengehege ______________ viele Menschen.

Ein junger Elefant ______________ seinen Rüssel aus.

Der Elefantenbulle _________ Erde auf seinen Rücken.

Überprüfe nun deine Lösungen mit Hilfe des Lösungsteils!

Gegenwart (Präsens) → **heute, jetzt**
Vergangenheit (Präteritum) → **gestern, letztes Jahr**

Diese Sätze stehen in der **Gegenwartsform (Präsens)**. Setze ein:

Übung 72

fressen — kommen — recken

Etwas später ____________ Pauline und ihre Freunde zu den Giraffen. Die Tiere ____________ ihre langen Hälse und ____________ Blätter von den Bäumen.

Diese Sätze stehen in der **Vergangenheitsform (Präteritum)**. Setze ein:

reckten — fraßen — kamen

Etwas später ____________ Klara und ihre Freunde zu den Giraffen. Die Tiere ____________ ihre langen Hälse und ____________ Blätter von den Bäumen.

Schreibe auf, was die Tiere im Zoo **heute** tun könnten.

Übung 73

Das Lama *spuckt*. Der Löwe ____________. Die Enten ____________.

Notiere jetzt, was diese Tiere **letzte Woche** getan haben könnten. Überprüfe anschließend deine Lösungen.

Das Lama ____________. Der Löwe ____________. Die Enten ____________.

Übung 74 **Gegenwartsform (Präsens)**

Setze ein: (hat) (ist)

Tipp
hat, hatte kommen von der Grundform **haben**; **ist, war** kommen von der Grundform **sein**. Haben und sein sind auch Verben (Tuwörter).

Pauline ________ Durst. Sie ________ ganz verschwitzt.

Vergangenheitsform (Präteritum)

Setze ein: (hatte) (war)

Pauline ________ Durst. Sie ________ ganz verschwitzt.

Übung 75 Setze das richtige **Verb (Tuwort)** in der **Gegenwartsform (Präsens)** ein.

Tipp
Erst durchstreichen, dann einsetzen.

(hat) (ist) (haben) (seid) (sind) (ist) (sind) (haben) (habt) (ist) (hat) (hat)

Hilfe
Verben (Tuwörter) können sich verändern. Siehe Seite 58/59.

haben			**sein**		
Ich	*habe*	Durst.	Ich	*bin*	verschwitzt.
Du	*hast*	Durst.	Du	*bist*	verschwitzt.
Er	________	Durst.	Er	________	verschwitzt.
Sie	________	Durst.	Sie	________	verschwitzt.
Es	________	Durst.	Es	________	verschwitzt.
Wir	________	Durst.	Wir	________	verschwitzt.
Ihr	________	Durst.	Ihr	________	verschwitzt.
Sie	________	Durst.	Sie	________	verschwitzt.

Überprüfe nun deine Lösungen mit Hilfe des Lösungsteils!

Ordne diese Sätze ein.

Übung 76

Der Tiger ist müde.
Die Enten schnatterten.

Das Löwenbaby schlief.
Das Lama spuckt.

Gegenwartsform (Präsens)

____

____

Vergangenheitsform (Präteritum)

____

____

Hinweis

Verben (Tuwörter) kommen in verschiedenen Zeitformen vor. Die **Gegenwartsform** (**Präsens**) und eine **Vergangenheitsform** (**Präteritum**) hast du geübt.

Es gibt noch eine **andere** **Vergangenheitsform**.
Man benutzt sie meistens beim **Sprechen**. Sie heißt **Perfekt**.

Beispiel

Stell dir vor, Klara erzählt ihrem Opa vom Zoobesuch.
Sie sagt: «Wir **sind** in den Zoo **gegangen**. Dort **haben** wir Elefanten **gesehen**.»

Um das **Perfekt** zu bilden, brauchst du **die Verben** (**Tuwörter**) **haben** und **sein**.

Überprüfe nun deine Lösungen mit Hilfe des Lösungsteils!

Halt!
15 Minuten

Verben (Tuwörter): Teste dich selbst

(3 Punkte) 1. Kreise bei folgenden Beispielen den **Wortstamm** ein.

ich suche   du suchst   wir suchen

(4 Punkte) 2. Ergänze die fehlende **Endung des Verbs (Tuwortes)**.

Sabine und Fritz bring_____ das Abendbrot auf die Terrasse. Fritz stell_____ das Tablett auf den Tisch. Sabine leg_____ die Bestecke dazu. Mama fragt: «Hab_____ ihr auch an Servietten gedacht?»

(3 Punkte) 3. Schreibe drei **Bausteine** auf, die die Bedeutung des **Verbs (Tuwortes)** «fahren» verändern können.

_____fahren   _____fahren   _____fahren

(3 Punkte) 4. Schreibe die Sätze in der **Vergangenheitsform (Präteritum)**.

Martin malt ein Bild.	Martin _____ ein Bild.
Oma strickt einen Pulli.	Oma _____ einen Pulli.
Vater repariert das Auto.	Vater _____ das Auto.

Überprüfe nun deine Lösungen und lies die Bewertung im Lösungsteil.

Wiewörter (Adjektive) sagen, wie etwas ist

Das Wiewort (das Adjektiv)

Wie ist er? Wie ist sie? Wie ist es?

Das neue Bett

Bernd wünscht sich zum Geburtstag ein **neues** Bett. Es soll **bequem** und **kuschelig** sein. Er hätte gerne eine **harte** Matratze darin. Von seinen Großeltern wünscht er sich **gestreifte** Bettwäsche und ein **knallrotes** Laken.

Bernd weiß schon genau, **wie** sein Bett aussehen soll.

Bett:	neu, bequem, kuschelig
Matratze:	hart
Bettwäsche:	gestreift
Laken:	knallrot

neu, bequem, kuschelig, hart, gestreift, knallrot sind **Wiewörter (Adjektive)**. Sie sagen, **wie** das Bett aussehen soll.

Übung 77 Schreibe die Wörter auf, die dir sagen, **wie** Bernds Bett aussehen soll.

______________________ ______________________ ______________________

______________________ ______________________ ______________________

Überprüfe nun deine Lösungen!

Nimm dir deinen Zeichenblock und male Bernds Bett.

Wiewörter (Adjektive) sagen dir, **wie** etwas ist.
Sie werden **kleingeschrieben.**

Die Ferienfahrt

Konstanze kommt von einer Ferienfahrt mit dem Sportverein nach Hause. Sie ist noch ganz **aufgeregt**, weil es so **schön** war. Schon kommt Mamas Frage: «Na, **wie** war es denn?»
Konstanze möchte gern alles auf einmal erzählen.
«Die Unterkunft war **toll**, das Essen **lecker**, die Nachtwanderung **gruselig** und das Ponyreiten **herrlich**.»
Aber Konstanze merkt schon, dass sie doch mehr Zeit zum Erzählen braucht. Sie sagt: «Ich gehe erst duschen, danach erzähle ich dir, **wie** alles war.»

Setze ein, **wie** es war.

Übung 78

a) Die Unterkunft war ____________________ .

b) Das Essen war ____________________ .

c) Die Nachtwanderung war ____________________ .

d) Das Ponyreiten war ____________________ .

Ergänze.

toll ____________ l ____________ gr ____________ h ____________

lecker gruselig herrlich

sind W ____________________ .

Wiewörter

Wiewörter sagen, ____________ etwas ist.

wie

Überprüfe nun deine Lösungen!

Übung 79 a) Aus diesen Buchstaben kannst du **Wiewörter (Adjektive)** bilden. Schreibe sie auf.

r i g i e s ______ o ch h ______ g o ß r ______ l k ei n ______

b) Setze diese **Wiewörter (Adjektive)** ein.

Der Kastanienbaum ist h______________.

Die Buche ist g______________.

Die Eiche ist r______________.

Die Kiefer ist noch k______________.

Übung 80 Das **Wiewort (Adjektiv)** **lustig** hat sich in jeder Zeile versteckt. Kreise es ein.

Tipp Suche Zeile für Zeile.

r s l u s t i g f r o h

l u s t i g l u s t i g

r o t l u s t i g g u t

Lustig und **herrlich**, **riesig** und **gemein**,
das können doch nur **Wiewörter** sein.

Überprüfe nun deine Lösungen mit Hilfe des Lösungsteils!

Wiewörter (Adjektive) erklären oder beschreiben Nomen (Namenwörter) oder Verben (Tuwörter) genauer

Auf dem Bauernhof

Auf Onkel Fritz' Bauernhof gibt es viel zu sehen: niedliche Küken, ein großes Schaf, kleine Ferkel und einen bunten Hahn.

Schreibe die Wiewörter (Adjektive) auf.

Übung 81

niedlich ____________ *g* ____________ *k* ____________ *b* ____________

Onkel Fritz hat Küken.	Onkel Fritz hat **niedliche** Küken.
Onkel Fritz hat einen Hahn.	Onkel Fritz hat einen **bunten** Hahn.

Hinweis

Das Wiewort (Adjektiv) **niedlich** beschreibt das Küken genauer. Das Wiewort (Adjektiv) **bunt** beschreibt den Hahn genauer.

Übung 82

Folgende Wiewörter (Adjektive) beschreiben die Tiere von Onkel Fritz.

Es ist klein und leicht. ____________

Es ist schmutzig und borstig. ____________

Er ist farbig und laut. ____________

Überprüfe nun deine Lösungen mit Hilfe des Lösungsteils!

Endlich dürfen Christof und Jörg auf die Pferdewiese. Dort grasen die Pferde Hans und Lottina.

Übung 83 Die **Wiewörter (Adjektive)** beschreiben die Pferde genauer.

groß — schwarz — glänzend — kräftig — geschickt — glatt — albern — lang

Setze passende **Wiewörter (Adjektive)** ein.

Tipp
Erst ausstreichen, dann hinschreiben. Zwei Wörter passen nicht.

Lottinas Fell ist ___________ und ___________ .

Hans' Körper ist ___________ und ___________ .

Lottinas Mähne ist ___________ und ___________ .

Übung 84 Setze die folgenden **Wiewörter (Adjektive)** ein.

saftige — vorsichtig — braunen — langsam

Jörg und Christof sind ganz ___________ . ___________

gehen sie auf die Pferde zu. Lottina hebt ihren ___________ Kopf.

Hans frisst das ___________ Gras.

Überprüfe nun deine Lösungen!

Das **Gras** und Lottinas **Kopf** sind **näher beschrieben**:
Das Gras ist **saftig**. Der Kopf ist **braun**.

Wiewörter (Adjektive) können N___________ genauer erklären oder beschreiben.

Nomen (Namenwörter)

Wiewörter (Adjektive) können zusammengesetzt sein

Thomas' Traum

Thomas träumte gestern von einem **rabenschwarzen** Tier. Es hatte **feuerrote** Augen und **giftgrüne** Zähne. An den vier Pfoten saßen **messerscharfe** Krallen. Als das Tier langsam auf Thomas zuging, wachte er auf.

Male in deinen Zeichenblock, wie das Tier aussah.

Übung 85

In dieser Geschichte stehen **Wiewörter (Adjektive)**, die **mit einem anderen Wort zusammengesetzt** sind:

rabenschwarz	→	der **Rabe** + schwarz
feuerrot	→	das **Feuer** + rot
giftgrün	→	das **Gift** + grün
messerscharf	→	das **Messer** + scharf

Tipp

Schau dir doch auch noch einmal das Kapitel «Zusammengesetzte Nomen (Namenwörter)» (Seite 35 ff.) an.

Du siehst, jedes Wiewort (Adjektiv) ist mit einem **Nomen** (Namenwort) zusammengesetzt.

Was passt zusammen? Verbinde.

Übung 86

Sonnenuntergang	giftgrün
Schornsteinfeger	feuerrot
Zähne	rabenschwarz
Krokodil	messerscharf

Überprüfe nun deine Lösungen mit Hilfe des Lösungsteils!

Übung 87 In dieser Wortkette haben sich **zusammengesetzte Wiewörter (Adjektive)** versteckt. Kreise sie ein.

h i m m e l b l a u g u t g l ä u b i g r e d s e l i g

So heißen die **zusammengesetzten Wiewörter (Adjektive)**:

der **Himmel** + blau → ______________________

gut + gläubig → ______________________

reden + selig → ______________________

Himmel	ist ein	**Nomen (Namenwort).**
gut	ist ein	**Wiewort (Adjektiv).**
reden	ist ein	**Verb (Tuwort).**

Übung 88 Schreibe **zusammengesetzte Wiewörter (Adjektive)** auf.

Tipp

Die zusammengesetzten Wiewörter (Adjektive) haben die Endung -ig.

Überprüfe nun deine Lösungen!

haben + Gier h______________________

kurz + Haare k______________________

lang + Beine l______________________

lang + Weile l______________________

Zusammengesetzte Wiewörter (Adjektive) können Nomen (Namenwörter) oder Verben (Tuwörter) genau erklären oder beschreiben. Man schreibt sie ______________ .

klein

Zusammengesetzte Wiewörter (Adjektive) können gebildet werden aus:

Nomen + Wiewort	(das Haus + hoch → haushoch)
Wiewort + Wiewort	(hell + blau → hellblau)
Verb + Wiewort	(naschen + süchtig → naschsüchtig)

Welches **Wiewort (Adjektiv)** passt zum Bild ? Verbinde. **Übung 89**

langhaarig **kurzbeinig** **kurzhaarig** **langbeinig**

«Kurzhaarig» ist das **Gegenteil** von «langhaarig».
Mit diesen beiden **zusammengesetzten Wiewörtern (Adjektiven)** kannst du die Länge der Haare **vergleichen.**
«Kurzbeinig» ist das **Gegenteil** von «langbeinig».
Mit diesen **zusammengesetzten Wiewörtern (Adjektiven)** kannst du die Länge der Beine **vergleichen.**

Auch bei **nicht zusammengesetzten Wiewörtern (Adjektiven)** kannst du leicht das **Gegenteil** bestimmen. **Übung 90**

laut → ____________ lustig → ____________

breit → ____________ voll → ____________

Wiewörter (Adjektive) kann man steigern

Das Auto

In einer Schulhofecke unterhalten sich Antonio, Rainer und Fred über Autos. Fred meint: «Wir haben ein **großes** Auto, da passen sechs Leute rein.» Rainer prahlt: «Unser Auto ist viel **größer**. Es hat auch eine tolle Hupe.» Antonio muss auch noch kräftig mitmischen: «Unser Auto ist **am größten**, wollen wir wetten?»

Die drei Schüler haben sich über Autos unterhalten. Jeder wollte noch etwas mehr angeben.

groß **größer** **am größten**

«Groß» ist ein **Wiewort (Adjektiv)**. Man kann es **steigern** bzw. zwei Steigerungsstufen bilden.

In der nächsten Pause geht die Unterhaltung weiter. Fred sagt: «Unser Auto hat ganz tolle **breite** Reifen.» Rainer antwortet darauf: «Unser Auto hat aber **breitere** Reifen.» Antonio ruft dazwischen: «Unsere Reifen sind **am breitesten.** Das ist euch doch wohl klar!»

Notiere das **Wiewort (Adjektiv)** und die beiden **Steigerungsstufen** aus dem zweiten Teil der Geschichte.

Übung 91

__________ __________ __________

Es ist ganz leicht, **Wiewörter (Adjektive)** zu **steigern**.

Beispiel

Grundstufe	1. Steigerungsstufe	2. Steigerungsstufe
schnell	schneller	am schnellsten
breit	breiter	am breitesten
frech	frecher	am frechsten

Steigere die **Wiewörter (Adjektive)**.

Übung 92

Grundstufe	1. Steigerungsstufe	2. Steigerungsstufe
eng	__________	__________
spannend	__________	__________
freundlich	__________	__________
hungrig	__________	__________

Kreise immer die drei **Stufen** eines **Wiewortes (Adjektivs)** farbig ein, die zusammengehören. Benutze drei Farben.

Übung 93

am saftigsten süßer saftig
durstig süß saftiger durstiger
am durstigsten am süßesten

Überprüfe nun deine Lösungen mit Hilfe des Lösungsteils!

Übung 94 Julian schreibt seiner Oma einen Brief.
Setze ein: am lustigsten, lustig, lustiger.

Liebe Oma,
heute war es in der Schule sehr ____________ .

Die Schatzsuche gestern war aber viel ____________ .

____________ war es bei der Ferienwanderung.
Dein Julian

Übung 95 Bestimme die **Grundstufe** und die **1. Steigerungsstufe**.

Grundstufe	1. Steigerungsstufe	2. Steigerungsstufe
____________	____________	am sauersten
____________	____________	am schönsten
____________	____________	am höchsten

Übung 96 Setze die richtige **Stufe** des **Wiewortes (Adjektivs)** ein:
am weitesten, weiter, weit

Erika springt 2,30 m. Sie kann ganz schön ____________ springen.

Tatjana kann 2,35 m springen. Sie springt etwas ____________ als Erika.

Doris springt 2,42 m. Sie springt ____________ von allen dreien.

Überprüfe nun deine Lösungen mit Hilfe des Lösungsteils!

Es gibt auch Wiewörter (Adjektive), die anders gesteigert werden. Hier zwei Beispiele:
gut, besser, am besten viel, mehr, am meisten

Wiewörter (Adjektive): Teste dich selbst

Halt!
15 Minuten

1. Steigere folgende **Wiewörter (Adjektive)**. **(8 Punkte)**

klug	__________	__________
lustig	__________	__________
freundlich	__________	__________
gelenkig	__________	__________

2. Schreibe alle **Wiewörter (Adjektive)** heraus. **(6 Punkte)**

Winter, Sommer, kalt, warm, heiß, durstig, Herbst, Frühling, schön, füttern, fröhlich

__________	__________	__________
__________	__________	__________

3. Wie heißt die **2. Steigerungsstufe**? **(6 Punkte)**

gefährlich	__________	eng	__________
fett	__________	lecker	__________
sauer	__________	bitter	__________

Zum Vergleichen: Die Lösungen

Das Nomen (das Namenwort)

Seite 12 **Lösungen von Übung 1**

a) Susanne, Sebastian, Ulrike, Tobias, Sarah

b)

T	B	O	U	S	L	S	A	R	A	H
O	G	R	S	U	S	A	N	N	E	I
B	F	S	E	B	A	S	T	I	A	N
I	A	S	E	E	F	O	O	R	T	B
A	L	A	B	C	U	L	R	I	K	E
S	M	O	U	Z	F	N	B	A	R	I

Radiere falsche Lösungen aus. Bearbeite diese Aufgaben noch einmal.

Seite 13 **Lösungen von Übung 2**

TG THOMAS TÜR EMIL FARBEZAHL OMA
BA JULIA SANDRA ELEFANT INGO SCHAFBREMSE

Thomas, Emil, Oma, Julia, Sandra, Ingo

Seite 13 **Lösungen von Übung 3**

a) ~~Kuh~~, ~~Elefant~~, ~~Küken~~

b) Menschen: Petra, Juliane, Peter, Ingo, Erika, Lisa, Beate, Sina

Seite 14 **Lösungen von Übung 4**

Tiger, Ente, Hase

Seite 14 **Lösungen von Übung 5**

1. Hund 2. Schwan 3. Meerschweinchen 4. Katze

Seite 15 **Lösungen von Übung 6**

Haustiere: Meerschweinchen, Hund, Katze, Wellensittich
keine Haustiere: Storch, Spatz, Schwan, Elefant

Seite 15 **Lösungen von Übung 7**

Bitte deine Eltern, Geschwister oder Großeltern, deine Lösungen zu kontrollieren.

Lösungen von Übung 8 — Seite 15

Vierbeiner: Meerschweinchen, Hund, Elefant, Katze
Zweibeiner: Schwan, Wellensittich, Storch, Spatz

Lösungen von Übung 9 — Seite 16

a) Hahn, Katze, Meise

b) SSTB(HAHN)BRIS   PO(KATZE)FD   RALL(MEISE)LLA

Lösungen von Übung 10 — Seite 17

a) Rose, Buche, Tulpe

b) Buche, Rose, Tulpen

Lösungen von Übung 11 — Seite 18

Bitte deine Eltern, Geschwister oder Großeltern, deine Lösungen zu kontrollieren.

Lösungen von Übung 12 — Seite 18

Bitte deine Eltern, Geschwister oder Großeltern, deine Lösungen zu kontrollieren.

Lösungen von Übung 13 — Seite 18

Salat
Tanne
Hügel
Schuh
Kartoffelpflanze
Nelke
Linde
Aster
Kiefer
Apfelbaum
Ursula

Radiere falsche Lösungen aus. Bearbeite diese Aufgaben noch einmal.

Lösungen von Übung 14 — Seite 19/20

a) Bauklötze, zwei Rennautos, ein Paket mit Legosteinen, zwei kleine Pinguine, zwei Plüschhasen, ein Puzzlespiel, vier Bilderbücher, ein Dominospiel

b) Erste Kiste: Bauklötze, zwei Rennautos, ein Paket mit Legosteinen, zwei kleine Pinguine
Zweite Kiste: zwei Plüschhasen, ein Puzzlespiel, vier Bilderbücher, ein Dominospiel

Lösungen von Übung 15 — Seite 20

Bitte deine Eltern, Geschwister oder Großeltern, deine Lösungen zu kontrollieren.

Seite 21 Lösungen von Übung 16

Ball, Springseil, Reifen, Radiergummi, Caroline, Mathebuch, Annabell, Radio, Heft, Koffer, Schreibtisch, Beate

Seite 21 Lösungen von Übung 17

Radiergummi, Mathebuch, Heft

Seite 22 Lösungen von «Nomen (Namenwörter): Teste dich selbst»

Nomen (Namenwörter) für Menschen: Sonja, Matthias, Sarah, Beate
Nomen (Namenwörter) für Pflanzen: Kiefer, Salat, Eiche, Maiglöckchen
Nomen (Namenwörter) für Tiere: Fisch, Maus, Katze, Pferd
Nomen (Namenwörter) für Dinge: Eis, Treppe, Gardine, Bluse

Bewertung

Du kannst insgesamt 16 Punkte erreichen. Pro Fehler musst du einen Punkt abziehen. Rechne nun deine Punkte zusammen.

Ich habe ________ von 16 Punkten.
16 Punkte: Du bist schon sicher.
15–10 Punkte: Du bist noch nicht ganz sicher.
Weniger als 10 Punkte: Du musst noch üben!

Seite 23 Lösungen von Übung 18

der Abend, die Lampe, das Gesicht, der Dorfteich, die Flasche, das Tier, der Regen, das Besteck, die Decke, das Gespenst, die Tafel, der Dackel

Seite 24 Lösungen von Übung 19

a) Junge, Mutter, Bett, Bad, Frühstück, Brot, Marmelade, Käse, Butter, Kakao, Joghurt, Tisch, Junge, Mutter, Bus

Radiere falsche Lösungen aus. Bearbeite diese Aufgaben noch einmal.

b) der Junge, die Mutter, das Bett, das Bad, das Frühstück, das Brot, die Marmelade, der Käse, die Butter, der Kakao, der Joghurt, der Tisch, der Junge, die Mutter, der Bus

Seite 25 Lösungen von Übung 20

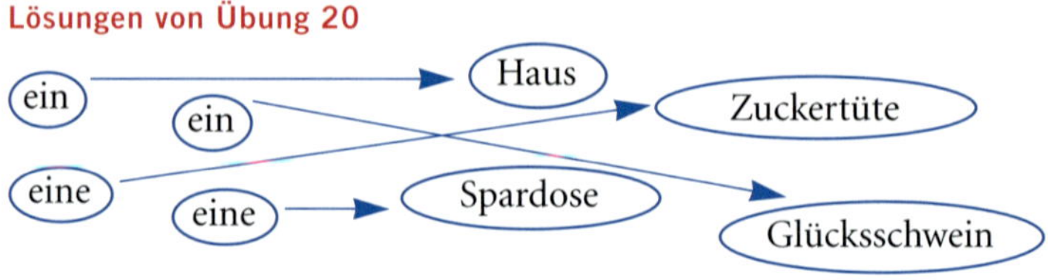

Seite 25 Lösungen von Übung 21

Pflanzen/Tiere: ein Reh, ein Dinosaurier, eine Rose
spüren/fühlen: eine Wut, eine Freude, eine Müdigkeit

Lösungen von Übung 22

Seite 26

a) eine Bluse, einen Pulli, eine grüne Bluse, einen roten Pulli

b) Bitte deine Eltern, Geschwister oder Großeltern, deine Lösungen zu kontrollieren.

Lösungen von Übung 23

Seite 27

Bitte deine Eltern, Geschwister oder Großeltern, deine Lösungen zu kontrollieren. Mögliche Lösungen sind:
Einzahl: die Nase, der Mund, das Gesicht, der Bauch, der Rücken …
Mehrzahl: die Ohren, die Arme, die Hände, die Beine, die Füße …

Lösungen von Übung 24

Seite 27

a) LESEBUCH | MARKT | BETTEN | KINDER

GIRAFFEN | HUNDE | KATZE | BLEISTIFT

b) Einzahl (Singular): das Lesebuch, der Markt, die Katze, der Bleistift
Mehrzahl (Plural): die Betten, die Kinder, die Giraffen, die Hunde

Radiere falsche Lösungen aus. Bearbeite diese Aufgaben noch einmal.

Lösungen von Übung 25

Seite 28

a) Einzahl (Singular): der Arm, das Bein, das Haar
Mehrzahl (Plural): die Arme, die Beine, die Haare

b) Bitte deine Eltern, Geschwister oder Großeltern, deine Lösungen zu kontrollieren.

Lösungen von Übung 26

Seite 29

Kinder, Pinguine, Bühne, Zirkusdirektor, Löwen, Clowns, Späße

Lösungen von Übung 27

Seite 30

~~Limonade~~

Lösungen von Übung 28

Seite 30

Bitte deine Eltern, Geschwister oder Großeltern, deine Lösungen zu kontrollieren.

Lösungen von Übung 29

Seite 30

Bitte deine Eltern, Geschwister oder Großeltern, deine Lösungen zu kontrollieren.

Seite 31 Lösungen von Übung 30

a) Möbel: Hocker, Tisch, Bett, Stuhl
Berufe: Pilot, Ärztin, Gärtner, Maurer

b) Der Oberbegriff heißt: Getränke

Seite 31 Lösungen von Übung 31

(HOCHHAUS) (FABRIK) (SCHLOSS) (KIRCHE) (REIHENHAUS)

Seite 32 Lösungen von Übung 32

des Hundes, dem Hund, Der Hund, den Hund

Seite 32 Lösungen von Übung 33

des Hundes, dem Hund, den Hund

Seite 33 Lösungen von Übung 34

den Kindern, den Gästen

Seite 34 Lösungen von Übung 35

dem Mittagessen, dem Fahrrad, den Durst, den Nachzügler

Seite 35 Lösungen von Übung 36

Tierbuch, Märchenbuch, Pferdebuch
Es ist ein Märchenbuch.

Seite 36 Lösungen von Übung 37

a) Spiel + Haus → Spielhaus
Haus + Tier → Haustier
Tier + Käfig → Tierkäfig
Käfig + Tür → Käfigtür
Tür + Schloss → Türschloss

Radiere falsche Lösungen aus. Bearbeite diese Aufgaben noch einmal.

b) 2. Spielhaus, 3. Haustier, 4. Tierkäfig, 5. Käfigtür, 6. Türschloss

Seite 37 Lösungen von Übung 38

Schuhgeschäft, Eingangstür, Winterstiefel, Lederstiefel, Herrenschuhe, Damenschuhe, Kinderschuhe

Seite 38 Lösungen von Übung 39

Winterschuhe → Winter + Schuhe
Damenschuhe → Damen + Schuhe
Kinderschuhe → Kinder + Schuhe
Hausschuhe → Haus + Schuhe

Lösungen von Übung 40
Seite 39

Lastwagen, Kinderwagen, Krankenwagen, Pferdewagen

Lösungen von Übung 41
Seite 41

Treppe**n**haus, Pferd**e**fuß, Brille**n**glas, Schwalbe**n**nest, Advent**s**kranz

Lösungen von «Nomen (Namenwörter): Teste dich selbst»
Seite 42

1. der Zug – die Züge; der Schaffner – die Schaffner; die Lokomotive – die Lokomotiven
2. Der Picknickkorb, den Kartoffelsalat, dem Kühlschrank
3. Bitte deine Eltern, Geschwister oder Großeltern, deine Lösungen zu kontrollieren. Mögliche Lösungen sind: Obstsalat, Kopfstand, Obststand, Marktstand, Obstmarkt, Kopfsalat.

Bewertung

Du kannst insgesamt 16 Punkte erreichen. Pro Fehler musst du einen Punkt abziehen. Rechne nun deine Punkte zusammen.

Ich habe ________ von 16 Punkten.
16 Punkte: Du bist schon sicher.
15 – 10 Punkte: Du bist ziemlich sicher.
Weniger als 10 Punkte: Du musst noch üben!

Lösungen von Übung 42
Seite 44

b) sie   c) sie   d) es, sie   e) sie, sie

Lösungen von Übung 43
Seite 45

das Gespenst, die Schnecke, der Frühling, die Flugzeuge

Lösungen von Übung 44
Seite 45

Sie, ihr, Sie, sie

Lösungen von Übung 45
Seite 46

a) Birne, Schloss

b) Bitte deine Eltern, Geschwister oder Großeltern, deine Lösungen zu kontrollieren.

Lösungen von «Nomen (Namenwörter): Teste dich selbst»
Seite 47

1. (Tisch), matt, (Malblock), neu, alt, witzig, süß, (Schrank), klettern, beißen, (Tiger), (Bett), hundert, sitzt, gesessen, nett, auf, zu, nach, schreiben

2. der Malblock – die Malblöcke; das Kamel – die Kamele;
der Schrank – die Schränke; der Tiger – die Tiger; das Bett – die Betten

3. a) es b) sie c) er d) er

Bewertung

Du kannst insgesamt 17 Punkte erreichen. Pro Fehler musst du einen Punkt abziehen. Rechne nun deine Punkte zusammen.

Ich habe ________ von 17 Punkten.
17 Punkte: Du bist schon sicher.
16–10 Punkte: Du bist ziemlich sicher.
Weniger als 10 Punkte: Du musst noch üben!

Das Verb (das Tuwort)

Seite 49

Lösungen von Übung 46

Tobias: wartet, stürzt, öffnet, staunt, fragt
Mutter: kocht, deckt
Patrick, Ingo, Otto, Pauline: stehen, tragen

Seite 49/50

Lösungen von Übung 47

a) kochenbraten (warten) holenhüpfenrechnensuchen
(stürzen) gebenstehen (staunen) tragen (fragen) (öffnen)

b) 1. staunen 2. fragen 3. warten 4. öffnen 5. stürzen

Seite 51

Lösungen von Übung 48

Bitte deine Eltern, Geschwister oder Großeltern, deine Lösungen zu kontrollieren.

Seite 52

Lösungen von Übung 49

(k)ochen, (a)bgießen, (b)rutzeln, (e)rhitzen
Es sind [vier] Verben (Tuwörter).

Seite 52

Lösungen von Übung 50

Radiere falsche Lösungen aus. Bearbeite diese Aufgaben noch einmal.

laufen	trinken	essen
raufen	winken	messen
schnaufen	blinken	fressen

Lösungen von Übung 51 — **Seite 52**

Ich fliege ein Flugzeug.
Ich backe Brot.
Ich untersuche Kinder.

Lösungen von Übung 52 — **Seite 53**

packt, trägt, hilft, ordnet, schiebt

Lösungen von Übung 53 — **Seite 53**

prasselt, rüttelt, flattern, springen

Lösungen von Übung 54 — **Seite 54**

kocht, backt, putzt, schließt

Lösungen von Übung 55 — **Seite 54**

füttern, hoffen, fallen, bitten, blättern
wispern, rattern, kaufen, treffen, rollen

Lösungen von Übung 56 — **Seite 56**

bell(en), treff(en)

Lösungen von Übung 57 — **Seite 56**

schreib(en), such(en), spiel(en), lauf(en), helf(en), flöt(en), fahr(en),
telefonier(en), ruf(en), tanz(en), werf(en)

Lösungen von Übung 58 — **Seite 56**

lachen|rufen|klingeln|bitten|suchen|knabbern|flüstern|erzählen|essen|
singen|tanzen|laufen|hören|kriechen

Lösungen von «Verben (Tuwörter): Teste dich selbst» — **Seite 57**

1. Tisch – (holen) – (bellen) – Taschentuch – (tanken) – (füttern) – fein – Suchbild – (fällt) – (bittet) – (lernen) – Müsli

2. **r**ufen, **f**üttern, **l**achen, **g**ehen, **s**ingen, **m**alen, **r**echnen, **s**pringen

3. fahren — suchen
   singen — gehen
   spielen — rufen

4. a) fährt — b) überholt — c) rast

Bewertung

Du kannst insgesamt 24 Punkte erreichen. Pro Fehler musst du einen Punkt abziehen. Rechne nun deine Punkte zusammen.

Ich habe ________ von 24 Punkten.
24 Punkte: Du bist schon sicher.
23 – 15 Punkte: Du bist ziemlich sicher.
Weniger als 15 Punkte: Du musst noch üben!

Seite 58 **Lösungen von Übung 59**

bau**t**, hilf**t**, verreis**en**, Gib**st**, bastel**n**

Seite 58 **Lösungen von Übung 60**

du lach**st**, er, sie, es lach**t**
wir lach**en**, ihr lach**t**, sie lach**en**

Seite 59 **Lösungen von Übung 61**

stehen, hebt, zieht, nehme, sagt

Seite 59 **Lösungen von Übung 62**

ich renn**e**	wir renn**en**
du renn**st**	ihr renn**t**
er, sie, es renn**t**	sie renn**en**

Seite 60 **Lösungen von Übung 63**

Bitte deine Eltern, Geschwister oder Großeltern, deine Lösungen zu kontrollieren. Mögliche Lösungen sind: abschreiben, verschreiben, nachschreiben, mitschreiben, aufschreiben …

Seite 61 **Lösungen von Übung 64**

bewegen, **ab**wischen, **ab**holen, **auf**stehen

Seite 61 **Lösungen von Übung 65**

gefallen, umfallen, anfallen, ausfallen

Seite 61 **Lösungen von Übung 66**

Stuhl → **um**fallen
Äpfel → **ab**fallen
Geschenke → **ge**fallen
Unterricht → **aus**fallen
Hund → **an**fallen

Radiere falsche Lösungen aus. Bearbeite diese Aufgaben noch einmal.

Lösungen von Übung 67

Seite 62

vor schlagen	weg ziehen	aus trocknen
ab geben	um ziehen	vor sagen
weg geben	ab ziehen	nach sprechen
zu geben	zu ziehen	mit gehen
nach geben	ab holen	zu binden

Lösungen von Übung 68

Seite 62

Bitte deine Eltern, Geschwister oder Großeltern, deine Lösungen zu kontrollieren.

Lösungen von Übung 69

Seite 63

fährt, kaufen, krächzt, folgt

Lösungen von Übung 70

Seite 63

fuhr, kauften, krächzte, folgte

Lösungen von Übung 71

Seite 64

stehen, streckt, wirft
standen, streckte, warf

Lösungen von Übung 72

Seite 65

kommen, recken, fressen
kamen, reckten, fraßen

Lösungen von Übung 73

Seite 65

schläft, schwimmen
spuckte, schlief, schwammen

Lösungen von Übung 74

Seite 66

hat	**ist**
hatte	**war**

Lösungen von Übung 75

Seite 66

hat	ist
hat	ist
hat	ist
haben	sind
habt	seid
haben	sind

Radiere falsche Lösungen aus. Bearbeite diese Aufgaben noch einmal.

Seite 67 Lösungen von Übung 76

Gegenwartsform (Präsens)	Vergangenheitsform (Präteritum)
Der Tiger ist müde.	Das Löwenbaby schlief.
Das Lama spuckt.	Die Enten schnatterten.

Seite 68 Lösungen von «Verben (Tuwörter): Teste dich selbst»

1. ich (such)e, du (such)st, wir (such)en
2. bring**en**, stell**t**, leg**t**, Hab**t**
3. Bitte deine Eltern, Geschwister oder Großeltern, deine Lösungen zu kontrollieren. Mögliche Lösungen sind: **ab**fahren, **ver**fahren, **an**fahren, **vor**fahren …
4. malte, strickte, reparierte

Bewertung

Du kannst insgesamt 13 Punkte erreichen. Pro Fehler musst du einen Punkt abziehen. Rechne nun deine Punkte zusammen.

Ich habe ________ von 13 Punkten.
13 Punkte: Du bist schon sicher.
12–8 Punkte: Du bist ziemlich sicher.
Weniger als 8 Punkte: Du musst noch üben!

Das Wiewort (das Adjektiv)

Seite 70 Lösungen von Übung 77

neu, bequem, kuschelig, hart, gestreift, knallrot

Seite 71 Lösungen von Übung 78

a) toll b) lecker c) gruselig d) herrlich

Seite 72 Lösungen von Übung 79

a) riesig, hoch, groß, klein
b) hoch, groß, riesig, klein

Seite 72 Lösungen von Übung 80

Radiere falsche Lösungen aus. Bearbeite diese Aufgaben noch einmal.

r s (l u s t i g) f r o h
(l u s t i g) (l u s t i g)
r o t (l u s t i g) g u t

Lösungen von Übung 81 Seite 73

groß, klein, bunt

Lösungen von Übung 82 Seite 73

Küken, Ferkel, Hahn

Lösungen von Übung 83 Seite 74

glatt, glänzend
groß, kräftig
schwarz, lang

Lösungen von Übung 84 Seite 74

vorsichtig, Langsam, braunen, saftige

Lösungen von Übung 85 Seite 75

Zeige dein Bild deinen Eltern, Geschwistern oder Großeltern.

Lösungen von Übung 86 Seite 75

Sonnenuntergang → feuerrot
Schornsteinfeger → rabenschwarz
Zähne → messerscharf
Krokodil → giftgrün

Lösungen von Übung 87 Seite 76

(himmelblau) (gutgläubig) (redselig)

himmelblau, gutgläubig, redselig

Lösungen von Übung 88 Seite 76

habgierig, kurzhaarig, langbeinig, langweilig

Lösungen von Übung 89 Seite 77

Bitte deine Eltern, Geschwister oder Großeltern, deine Lösungen zu kontrollieren.

Lösungen von Übung 90 Seite 77

leise, ernst, schmal, leer

Lösungen von Übung 91 Seite 79

breit, breiter, am breitesten

Seite 79 **Lösungen von Übung 92**

enger, am engsten
spannender, am spannendsten
freundlicher, am freundlichsten
hungriger, am hungrigsten

Seite 79 **Lösungen von Übung 93**

Radiere falsche Lösungen aus. Bearbeite diese Aufgaben noch einmal.

süßer
saftig
am saftigsten
durstiger
süß
saftiger
durstig
am süßesten
am durstigsten

Seite 80 **Lösungen von Übung 94**

lustig, lustiger, Am lustigsten

Seite 80 **Lösungen von Übung 95**

sauer, saurer
schön, schöner
hoch, höher

Seite 80 **Lösungen von Übung 96**

weit, weiter, am weitesten

Seite 81 **Lösungen von «Wiewörter (Adjektive): Teste dich selbst»**

1. klüger, am klügsten
   lustiger, am lustigsten
   freundlicher, am freundlichsten
   gelenkiger, am gelenkigsten
2. kalt, warm, heiß, durstig, schön, fröhlich
3. am gefährlichsten, am engsten, am fettesten, am leckersten, am sauersten, am bittersten

Bewertung

Du kannst insgesamt 20 Punkte erreichen. Pro Fehler musst du einen Punkt abziehen. Rechne nun deine Punkte zusammen.

Ich habe ________ von 20 Punkten.
20 Punkte: Du bist schon sicher.
19–12 Punkte: Du bist ziemlich sicher.
Weniger als 12 Punkte: Du musst noch üben!

Immer dabei: Das Lesezeichen

- Schneide die Seiten 95 / 96 möglichst gerade aus. Die Schere (siehe Seite 96) zeigt dir, an welcher Linie du entlangschneiden musst.
- Kopiere das Lesezeichen noch einmal und stelle es dann zweimal her.
- Falte jedes Blatt entlang der roten Linie.
- Klebe die Innenseiten zusammen.
- Überziehe deine Lesezeichen mit Folie, dann bleiben sie länger schön.
- Lege ein Lesezeichen in dein Sprachbuch (das andere ist für diesen Lerntrainer). Wenn es im Unterricht um die Wortarten Nomen (Namenwörter), Verben (Tuwörter), Wiewörter (Adjektive) geht, schaust du rasch nach.

Wortarten

Nomen (Namenwörter)	Verben (Tuwörter)	Wiewörter (Adjektive)*
↓	↓	↓
der Brief	Was tut jemand?	Wie ist es?
die Tante	Was geschieht?	bunt, groß
das Geschenk	ich laufe, es regnet	

* Manche nennen sie auch Eigenschaftswörter.

Nomen (Namenwörter)	Menschen (Susi, Maik)
Nomen (Namenwörter)	Tiere (Bär, Wolf)
Nomen (Namenwörter)	Pflanzen (Rose, Birke)
Nomen (Namenwörter)	Dinge (Buch, Tür)
Begleiter (Artikel)	der, die, das ein, eine, ein
Einzahl (Singular) Mehrzahl (Plural)	der Tisch, die Tische
Oberbegriffe	Getränke: Saft, Milch, Tee
Nomen, Begleiter verändern sich	der Hund, des Hundes, dem Hund, den Hund
Zusammen-gesetzte Nomen	Wasserhahn, Eistüte
Fürwort (Pronomen)	ich, du, er, sie, es, wir, ihr, sie
Nomen (Namenwörter)	werden groß-geschrieben!

Verben (Tuwörter)	laufen, holen, sprechen
Grundform	spiele**n**, ratter**n**, bastel**n**
Verben: Stamm und Endungen	**sitz**e, **sitz**st, **sitz**en
Bausteine (Vorsilben)	**vor**laufen **aus**sprechen
Gegenwart Vergangenheit	ich laufe ich lief
Verben (Tuwörter)	werden klein-geschrieben!
Wiewörter (Adjektive)	schön, bunt, spitz
zusammen-gesetztes Wiewort	goldgelb giftgrün
Grundstufe 1. Steigerungsstufe 2. Steigerungsstufe	schnell schneller am schnellsten
Wiewörter (Adjektive)	werden klein-geschrieben!

Das Lesezeichen